무인양품
보이지 않는 마케팅

MUJI (MUJIRUSHIRYOHIN) SHIKI SEKAI DE AISARERU MARKETING

written by Akiko Masuda.

Copyright ⓒ 2016 by Akiko Masuda. All rights reserved.

Originally published in Japan by Nikkei Business Publications, Inc.

Korean translation rights arranged with Nikkei Business Publications, Inc.

through Tony International.

MUJI

무인양품
보이지 않는 마케팅

마스다 아키코 지음
노경아 옮김

라이팅하우스

브랜드 없는 브랜드의
보이지 않는 마케팅

무인양품(MUJI)의 상품 개발자는 언제나 이런 생각을 한다.

'이 상품에서 색과 장식을 빼면 어떻게 될까?'

'이 상품은 디자인을 조금만 바꾸면 훨씬 편리해질 것 같은데……'

즉 장식이 달려 있거나 무언가 조금이라도 불편한 형태의 상품만 보면 '무인양품이라면 이걸 어떻게 바꿀까?' 하고 상상하는 버릇이 있다.

무인양품의 상품 개발 업무는 일본 전역은 물론 전 세계의 다양한 아이디어를 흡수한다는 생각('글로벌하게'라는 기본 원칙)에서 출발한다. 예를 들어 세상 어딘가에서 옛날부터 쓰였던 도구나 옷 등에는 그만큼 오래 쓰인 '이유'가 있다. 개발자는 그 본질적 이유를 찾아서 무인양품의 사상과 결합시킨 후 상품으로 만들어낸다. 다시 말해 무인양품은 전 인류의 '지혜'를 모아서 다양한 상품을 개발해 세상에 선보인다.

그러나 세계 이곳저곳에서 오래도록 쓰인 도구들은 그 지역의 문화적 바탕 위에서 생겨났기 때문에 색, 형태, 재질, 감촉이 제각각이다. 그래서 다음과 같은 질문이 이어진다.

"여기서 장식적 요소를 빼고 기능만 남기면 어떤 물건이 될까?"

"색을 제거하면 물건의 인상이 얼마나 심플해질까?"

"세상 사람 누구나 '이거 좋은데?'라고 느낄 만한 물건은 과연 어떤 물건일까?"

무인양품의 상품 개발자는 언제나 이런 식으로 접근한다. 무인양품이 이렇게 전 인류의 지혜를 흡수하고자 노력하며 개발한 상품들이 마침내 일본을 넘어서서 전 세계 사람들의 사랑을 받고 있다. 무인양품 상품의 가장 큰 특징인 '심플함'은 나라와 문화를 초월하여 모든 인간의 본질적인 욕구를 충족시키고 있다.

무인양품의 방식은 혁신 그 자체다.

혁신은 아무것도 없는 상태에서 무언가를 만들어내는 것이 아니라 원래 있는 것들의 '새로운 조합'을 통해 이루어진다. 이것은 경제학자인 슘페터(Joseph Alois Schumpeter)가 주창한 혁신의 신결합(뉴 콤비네이션) 개념과도 유사하다. 그런 의미에서 전 인류의 지혜를 모아 상품을 만들고 판매해 온 무인양품은 혁신의 집합체라고 할 만하다.

무인양품이 채택한 '브랜드 없는 브랜드'라는 콘셉트, 무인양품이 지금까지 세상에 내보낸 수많은 상품, 그 상품의 탄생을 도운 제작자들과 소비자 사이의 관계, 그리고 지구촌 사람들이 무인양품을 받아들이는 방식까지. 이제부터 무인양품의 모든 것을 혁신적으로 만든 것들에 대해 이야기하고자 한다.

이 책에서 나는 무인양품의 상품 개발과 콘셉트 설계, 그리고 이 모두를 아우르는 '보이지 않는 마케팅'에 관한 다양한 이론을 종횡무진 풀어낼 것이다. 무인양품은 유일무이한 동시에 매우 보편적인 브랜드다. 따라서 무인양품의 사고방식은 많은 사람들에게 여러 가지 면에서 좋은 참고가 될 것이다.

나는 2004년에 이탈리아 1호점을 밀라노에 개점하는 프로젝트에 참여한 것을 계기로 그 후 10여 년간 무인양품의 상품 개발과 마케팅에 종사해 왔다. 그동안 해외(이탈리아 등 유럽)에서 무인양품을 어떤 시각으로 보는지 조사했고 일본에서 해외로 수출될 상품을 만드는 데에도 깊이 관여했다. 이처럼 국내와 해외, 상품 개발과 마케팅을 안팎으로 아우르는 관점은 내가 학계로 자리를 옮긴 뒤에도 계속 진행한 모든 연구의 원점이 되기도 했다.

무인양품은 사실 일본 문화가 낳은 독특한 콘셉트다. 즉 '무인양품'은 브랜드라기보다 하나의 개념에 가깝다.

브랜드명과 회사명에는 대개 창업자의 이름이나 사업 내용, 지명, 상징적인 상품명 등이 붙기 마련이지만 무인양품의 경우에는 콘셉트가 그대로 브랜드명이 되었다. 이 '무인양품(無印良品 : 상표 없는 좋은 품질의 상품이라는 뜻)'이라는 콘셉트는 상품 개발 등 모든 사업 활동의 원칙이 되고 있다.

이 거대한 콘셉트가 전 세계인으로부터 환영받는 이유에 대해 내 나름의 해석을 이 책에 담았다. 물론 무인양품의 콘셉트는 다양하게 해석될 수 있다. 따라서 나와는 다른 해석을 내놓을 독자도 있을 것이다. 내 해석만이 정답이라고는 생각하지 않는다. 다양한 견해가 나오는 것이야말로 무인양품답다고 생각한다.

'무인양품'은 ㈜양품계획이 상품 기획, 제조와 유통, 판매까지 담당하는 제조 소매업 브랜드이며, 원래는 1980년에 종합 유통회사 세이유(西友)의 프라이빗브랜드(PB, 유통회사가 개발·관리하는 자체 브랜드 – 역주)로 출발했다. 처음에는 식품을 중심으로 40품목을 선보였으나 현재는 의류, 가정용품, 식품 등 일상생활 전반에 걸친 약 7,000품목을 취급하고 있다.

무인양품은 최근 일본 국내뿐만 아니라 아시아, 유럽, 미국, 중동, 오세아니아 등 세계 각국에 빠른 속도로 점포를 개설하며 전 세계에 '무지러(Mujirer)'로 불리는 팬을 늘려나가고 있다.

　이 책에서는 무인양품을 'MUJI(무지)'로 표기한다. 일본에서는 '무인양품(무지루시료힌)'이라는 브랜드명이 쓰이지만 해외에서는 'MUJI'라는 브랜드명이 익숙하기 때문이다. 이 책은 글로벌한 관점에서 본 MUJI의 보이지 않는 마케팅력을 다루고 있으므로 해외 팬에게 친숙한 브랜드명인 'MUJI'로 부르기로 한다.

차 례

CHAPTER 1

시대를 넘어선다

'기타'라는 포지셔닝

본능적인 '쾌적함'과 '편안함'을 추구한다

MUJI의 히트 상품 중에는 '사람을 망치는 소파'로 불리는 상품이 있다. 정식 상품명은 푹신 소파. 지름 약 0.5밀리미터의 자잘한 구슬을 충전재로 써서, 사람이 앉으면 몸의 굴곡에 맞춰 형태가 변하도록 만들어진 소파다. '한번 앉으면 일어날 수 없다', '너무 편안해서 움직이기가 싫어진다'는 평가를 듣는 것이 이해될 만큼 감촉이 매우 독특해서 소파에 앉은 사람을 좀체 놓아주지 않는다.

이 '푹신 소파'는 일본뿐만 아니라 전 세계에서 인기를 끌고 있다. 이처럼 국가, 지역 문화, 나아가 인종의 차이를 넘어 전 인류가 '이거 좋은데!'라고 느끼는 물건이 있다.

비단 이 소파뿐만 아니라 일본에서 인기 있는 MUJI 상품 대부분이 해외에서도 히트하고 있다. 일본에서 꾸준히 팔리는 아로마 디퓨저, 반투명 수납 용품, 아크릴 수납 용품, 필기구 등이 대표적이다.

이것은 이례적인 현상이다. MUJI는 생활 잡화와 의류 등 일용품을 주로 취급하는데, 이런 일용품의 소비 형태는 생활 습관과 문화에 따라 크게 달라지는 것이 보통이기 때문이다(뒤에 자세히 설명하겠다). 그럼에도 불구하고 일본에서 인기를 끈 MUJI의 상품이 해외에도 수많은 팬을 만들며 다양한 문화권에서 받아들여진 것은 무엇 때문일까?

분명 나라와 지역에 따라 생활 습관과 문화는 달라지지만 그것을 영위하는 사람들은 결국 다 같은 인간이다. 살아 있는 생명체로서 생리적인 '쾌적함', '편안함', '불쾌함'을 느끼는 것은 똑같다는 말이다. 그래서 일본인이 쾌적하다고 느끼는 요소는 다른 문화권의 외국인에게도 똑같이 쾌적하게 느껴진다.

MUJI는 이와 같이 인간이 본능적으로 느끼는 생리적 '쾌적함'을 소비자들에게 중요한 가치로 제공하려 한다. 가구를 '편안하다', '쾌적하다'고 느끼려면 그것이 몸을 편안하게 떠받쳐 줄 뿐만 아니라 일상적으로 사용하기 편리하고 외양도 자연스러워 보이는 등 가구 본연의 역할에 충실해야 한다. MUJI는 그런 상품을 만들어냄으로써 '쾌적함'에 대한 인류 공통의 욕구를 충족시키고 있다. 그래서 '푹신 소파'의 '쾌적함'이 해외에서도 통하는 것이다. MUJI는 이처럼 세계인이 좋아할 만한 상품을 속속 만들어내고 있다. 이렇게 MUJI의 마케팅은 상품 개발 단계에서 이미 시작된다.

런던 출장에서 만난 MUJIRER

MUJI의 세계적 인기와 지명도는 일본인이 생각하는 수준 이상으로 높다. MUJI의 국내 점포 수와 해외 점포 수도 바야흐로 점점 비슷해져 가고 있다(2016년 2월 기준으로 MUJI는 일본에 직영점 312점포, 상품 공급점 102점포를 합쳐 총 414점포를, 해외에 직영점과 상품 공급점을 합쳐 총 344점포를 운영하고 있다). 중국 MUJI의 성장이 가장 두드러지기는 하지만, 서구 사회의 인지도도 상당히 탄탄해졌고 이제 인도, 중동으로의 진출도 시작되었다.

MUJI는 이처럼 해외에서 '잘 팔리는 브랜드'로 평가될 뿐만 아니라 '열렬한 팬'도 무척 많다. 그래서 해외 출장에서 우연히 만난 사람들과도 MUJI에 대한 이야기꽃을 종종 피우게 된다.

몇 년 전 영국에 출장 갔을 때의 일이다.

런던 히드로 공항에 도착하여 입국 심사대 앞에 섰더니 여성 심사원이 언짢은 표정으로 "체류 목적은?"이라고 물었다. 그래서 "비즈니스 미팅입니다"라고 대답하니 다시 "무슨 회사?"라고 물었다.

그래서 "MUJI라고, 아십니까? 런던 옥스퍼드 거리에도 매장이 있는데요"라고 답했더니 그녀가 표정을 확 바꾸며 "어머, 그래요? 저도 MUJI를 무척 좋아해서 수납 용품과 문구 말고도 이것저것 쓰고 있어요"라고 친절하게 대답하는 것이 아닌가. 무지의 인기를 새삼 실감하는 순간이었다.

2013년에 뉴욕 출장 중 UNDP(United Nations Development Programme, 유엔개발계획) 본부의 미팅에 참석했을 때도 그곳의 BCtA(Business Call to Action, 비즈니스 행동요청) 사무국장이 MUJI의 팬이었던 덕분에 대화가 화기애애해졌던 적이 있다. 특히 그가 'MUJI는 이런 브랜드'라며 동료와 상사들에게 브랜드 콘셉트를 설명해 주는 것을 듣고 깜짝 놀랐다.

그래서 "저희 브랜드를 어떻게 그렇게 잘 아십니까?"라고 물었더니 "MUJI를 좋아해서 매장에 자주 가거든요. 그래서 잘 압니다"라는 답이 돌아왔다.

심지어 같은 해에 MUJI의 매장이 아직 생기지도 않은 아프리카 에티오피아를 방문했을 때에도 양가죽 신발을 만드는 회사의 경영자가 "MUJI! 물론 알지요"라고 말해서 놀란 적이 있다. "MUJI를 어디서 알게 되셨습니까?"라고 묻자 그는 "두바이와 싱가포르에 출장 갔을 때 매장에 들렀습니다"라고 대답했다.

이처럼 외국이나 다른 지역을 방문했다가 MUJI를 이미 접한 경험을 가진 사람을 만나게 될 때마다 나 또한 그들을 통해 놀랍고도 기뻐할 만한 일이 점점 늘어나고 있다. 이제 MUJI는 일본을 대표하는 세계적 브랜드가 된 것이다.

서구 글로벌 브랜드와 MUJI의 결정적 차이

MUJI가 글로벌 시장 진출에 성공한 것은 하나의 사건이다. 이것은 서구의 여타 글로벌 브랜드가 거둔 성공과는 전혀 다른 의미가 있다.

'글로벌 브랜드'란 세계적으로 동일한 이름, 로고, 또는 캐치프레이즈를 활용하여 제품을 판매하는 브랜드를 말한다. 그런 점에서 애플과 스타벅스, 루이비통, 코카콜라 등은 훌륭한 글로벌 브랜드다.

글로벌 브랜드는 전 세계에서 동일한 홍보 전략을 펼치므로 경제적으로도 효율이 높다. 또 어느 나라에 가도 동일한 매뉴얼에 따라 만들어진 매장과 상품이 존재하는 덕분에 누구나 그 브랜드의 매장과 상품 이미지를 쉽게 떠올릴 수 있다.

애플은 아이폰으로 세계인의 라이프스타일을 크게 바꾼 혁신적 브랜드라는 이미지가, 스타벅스는 집도 사무실도 아닌 '제3의 공간'¹이라는 콘셉트로 고객에게 편안한 시간과 공간을 제공하는 커피숍이라는 이미지가, 루이비통은 모노그램 패턴으로 장식된 여행용품과 구두를 판매하는 전통 깊은 우아한 브랜드라는 이미지가 연상된다. 여러분도 세 브랜드의 이름만 들어도 이런 이미지를 금세 떠올릴 수 있을 것이다.

MUJI도 일정한 방향성을 갖고 글로벌하게 사업을 전개한다는 점에서 확실히 글로벌 브랜드라 할 수 있다. MUJI는 또한 세계 각지에 개설된 매장에서 거의 동일한 상품을 판매하고 있다.

이런 MUJI가 애플 및 스타벅스와 결정적으로 다른 점은 무엇일까? 바로 취급하는 품목 수가 압도적으로 많다는 것이다. MUJI의 상품 수는 약 7,000가지에 이르며 의복, 생활 잡화, 식품 등 실로 폭넓은 분야를 망라하고 있다.

그래서 '카레는 MUJI 상품이 제일 맛있다'고 생각하는 사람이 있는가 하면 '아기 옷은 MUJI 상품이 안전하다', '문구류는 MUJI 제품이 가장 편리하다'고 생각하는 사람도 있다. 사람에 따라 좋아하는 상품군이 다르므로 떠올리는 상품도 제각각이다.

다시 말해 특정 상품과 매칭되어 이미지가 떠오르는 스타벅스, 루이비통, 애플과 달리 MUJI는 개개인마다 떠올리는 상품이 다르다.

MUJI는 이처럼 폭넓은 구색을 갖추었으면서도 일정한 브랜드 이미지를 글로벌하게 쌓아 올리는 데 성공했다. 즉 모든 상품군이 고객 마음속에서는 동일한 이미지로 통일되어 있다.

어떻게 이런 일이 가능했을까? 그것은 MUJI가 상품 개발 단계에서 일관되게 적용한 콘셉트 때문이다. 일정한 원칙에 기초하여 모든 상품을 개발함으로써 고객 심리 속에 공통된 이미지로 포지셔닝되었기 때문이다. 그래서 사람마다 다른 상품을 떠올리더라도 MUJI의 이미지는 동일하다. 보이지 않는 단계에서 이미 마케팅이 적용되어 있는 상태라고 할 수 있다.

고객들의 마음속에서 인식되는 MUJI의 이미지는 한마디로 '심플함', '자연스러움'이라고 할 수 있다. 즉 MUJI는 '심플하고 자연스러운 생활용품 브랜드'인 동시에 '다양한 선택지를 제공하는 브랜드'로 전 세계 고객에게 다가선다. 다시 말해 MUJI는 상품의 종류를 압축하기는커녕 오히려 라이프스타일에 관련된 상품을 폭넓게 벌여놓음으로써 MUJI의 가치관을 확립했다.

MUJI는 '느낌 좋을 만큼'을 실현하는 일을 기본 목표로 내걸고 있다. 풀어 말하자면 생활을 쾌적하게 만드는 상품을 폭넓게 갖춤으로써 고유한 가치관을 세계에 전하려 한다. 이 '딱 느낌 좋을 만큼만'이라는, 매우 광범위하고 보편적인 가치를 추구하는 정신이야말로 MUJI가 전 세계인에게 사랑받는 비결이다.

전 세계에 통한 '여백의 힘'

MUJI는 다양한 국가와 지역에서 매장을 운영하고 있다. 처음에는 유럽과 미국에 진출했을 뿐이었지만 최근 몇 년간은 중국 시장 진출에 주력했고 요즘은 중동과 인도에도 출점하기 시작했다. 다양한 문화, 경제권에서 동시 다발적으로 점포를 개설하고 있는 것이다.

나중에 다시 이야기하겠지만 이것은 국제 경영 및 마케팅의 관점에서 보면 매우 도전적인 사례다. 동시에 여러 나라에 점포를 내려면 다양한 문화에 속한 광범위한 고객을 만족시켜야 하는데 그 벽을 넘어서기가 생각보다 쉽지 않기 때문이다. 특히 일용품을 주로 취급하는 기업은 현지 문화와 관습에 적응하기 위한 전략을 적확히 구사하지 않고서는 실패하기 십상이다.

그러나 MUJI는 상품의 디자인과 향 등을 전혀 변경하지 않은 채 그대로 수출하여 해외에서 판매한다. 즉 해외 시장의 개별적 특징에 맞춰 상품을 현지화하지 않는다. 오히려 MUJI는 일본 상품을 그대로 여러 나라에 수출함으로써 세계인의 호응을 얻고 있다.

이는 MUJI의 보편적인 심플함이 다양한 문화에서 통용된다는 증거다. 사실 MUJI 상품은 심플함, 자연스러움, 합리성이 극대화되어 있기 때문에 현지화하기 위해 바꾸어야 할 요소가 극히 적다.

MUJI 상품이 지닌 심플함은 해외의 어떤 관련 상품과도 잘 어울리는 '여백의 힘'을 발휘한다. 이것이 전 세계에 MUJI의 팬이 늘어나는 이유다.

단, MUJI의 상품은 일본 내의 상품부에서 개발되므로 기본적으로는 일본인의 관점에 따라 만들어진다. 그래서 일부 상품에서 낯선 위화감을 느낀다는 해외 고객도 더러 있지만 반대로 신선한 느낌을 받는다는 반응도 많다.

예를 들어 B사이즈의 노트는 일본 특유의 규격이라 해외에서는 거의 유통되지 않는다.[2] 그래서 MUJI에서만 관련 상품을 구할 수 있으므로 범용성이 떨어지는 축에 속한다.

반대의 예로는 손톱깎이를 들 수 있다. 플라스틱 덮개가 달린 손톱깎이는 MUJI뿐만 아니라 일본의 모든 관련 업계가 당연하게 생각하는 상품이지만 해외에서는 그렇지 않다. 그래서 어떤 해외 고객은 MUJI의 손톱깎이를 보고 "손톱이 밖으로 튀지 않도록 덮개를 달아놨어!", "어쩌면 이렇게 세심할까!"라며 감격하기도 한다.

최근 개발된 상품으로는 '문질러서 지울 수 있는 펜'을 들 수 있다. 일본의 파일롯트(PILOT)사가 개발한 제품에 MUJI의 디자인을 입혀 판매했더니 해외에서도 큰 히트를 쳤다.

이처럼 일본의 기술과 문화를 처음 접하고 감탄한 고객들 덕분에 상품이 히트하는 일이 많다. 다시 말해 문화적 차이가 신선함으로 작용해서 오히려 상품을 히트시키기도 한다.

가장 평범한 형태를 지향한다

MUJI의 상품이 세계적인 보편성을 유지할 수 있는 것은 무엇보다 '심플함' 덕분이다. '단순하게 만든다'는 것은 디자인 측면에서 '가장 평범한' 형태를 택하여 사용 편의성을 극대화한다는 의미다.

그래서 MUJI는 세계의 여타 브랜드와 달리 '특징이 없는 것'이 가장 큰 특징이다.

브랜드란 소비자에게 자사의 상품이 다른 상품과 어떻게 다른지를 명확히 인식시키기 위한 도구다. 그래서 일반적인 브랜드는 타사와 다른 자신만의 특징을 호소한다.

반면 MUJI는 다른 많은 브랜드가 차지하고 있지 않은 그 외 '기타'의 포지셔닝을 지향한다. 이것이야말로 MUJI의 진정한 강점이다. 이로써 세상의 수많은 브랜드를 제외한 '기타 여백 전부'를 포괄하는 브랜드가 되었기 때문이다.

다양한 문화에 기반을 둔 수많은 브랜드와 달리 '기타'를 시장으로 삼은 MUJI의 경쟁 전략은 대단히 교묘하다.

'기타'라는 포지셔닝 덕분에 MUJI는 문화의 벽뿐만 아니라

MUJI의 시장

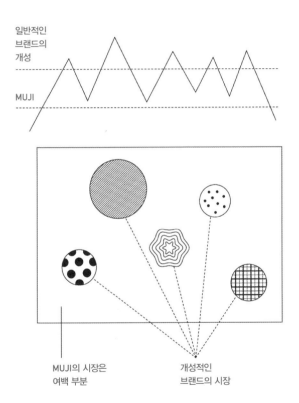

일반적인
브랜드의
개성

MUJI

MUJI의 시장은
여백 부분

개성적인
브랜드의 시장

시대의 벽까지 넘어서게 되었다. 다른 브랜드가 유행을 좇을 때 MUJI는 보편을 좇는다. 다른 브랜드가 전용 라인업을 구축할 때 MUJI는 범용 상품을 출시한다. MUJI의 상품은 심플하고 수수하지만 오히려 그렇기 때문에 시대에 뒤처지지 않는다.

오래 쓰이는 도구일수록 디자인이 단순한 법이다. MUJI의 상품도 마찬가지다. 그래서 MUJI는 공간의 주역이 아닌 명품 조연으로 선택될 때가 많다.

세계 표준화와 현지화

상품 중에는 글로벌화하기 쉬운 것과 어려운 것이 있다. 예를 들어 정보 기기나 인터넷 관련 서비스는 일반적으로 글로벌화하기 쉽다. 인터넷 세상에는 세계 공통의 규칙이 이미 존재하기 때문이다. 그래서 해당 시장에 진출할 때 고객 접점의 언어만 번역하여 현지화하면 세계 어디서나 동일한 상품을 판매할 수 있다.

가령 애플의 '아이폰'과 아마존의 '킨들' 단말기, 마이크로소프트의 '서피스' 노트북 등은 설명서가 매우 간략하게 만들어진다. 설명이 거의 없다고 해도 좋을 것이다. 인터넷에 접속할 것이 전제된 이런 정보 기기에는 '정보가 더 필요한 분은 자세한 설명서를 인터넷에서 검색해 주세요'라는 안내 문구가 공통적으로 들어 있다.

또 이 상품들은 새로 등장한 상품군에 속하므로 지역이나 국가의 오래된 관습의 영향을 거의 받지 않는다. 그래서 세계 어느 나라의 소비자든 이 상품들에 대해 동일한 브랜드 이미지를 떠올리기가 쉽다.

이에 비해 식품이나 일용품은 나라와 지역의 문화에 큰 영향을 받으므로 일반적으로 글로벌화가 어렵고 현지화 전략이 필요하다. 그래서 지역 소비자의 기호에 맞추어 맛, 포장 등의 사양을 변경하는 회사가 대부분이다.

전 세계를 대상으로 사업을 전개하는 기업이라면 그런 점을 고려하여 상품 서비스, 홍보 등의 '세계 표준화'와 '현지화' 전략을 적절히 나누어 구사해야 한다.

전 세계에서 동일한 제품을 판매한다면 상품의 개발·생산 효율이 매우 높아질 것이다. 이처럼 규모의 경제를 활용하여 비용을 줄이고 가격을 낮춘다면 상품을 더 널리 보급할 수도 있다. 이것이 바로 '표준화'다. 그러나 현실적으로는 국가와 지역의 문화차이, 혹은 법규 차이 때문에 현지 사정에 맞추어 상품과 서비스 사양을 바꾸어야 할 때가 많다. 이것이 바로 '현지화'다.

애플의 아이폰 같은 글로벌 브랜드에서는 자사 제품을 수출할 때 대개 언어와 플러그 형태 등 극히 일부분만 현지화하고 나머지 부분은 표준화를 따른다.

MUJI 역시 기본적으로는 전 세계 어디서든 똑같은 상품을 판매한다. 가전제품도 아이폰과 마찬가지로 플러그 형태와 전압에 관련된 부품만 바꾸고 디자인은 동일하게 유지한다.

세계적으로 히트한 상품

여기서 세계적으로 히트한 MUJI 상품 몇 가지를 소개하겠다. 앞서 말한 '푹신 소파' 외에도 다음과 같은 상품이 세계적으로 히트했다.

❶ 아로마 디퓨저

에센셜 오일의 향기를 실내에 분사하여 확산시키는 기구다. 디자인은 심플하지만 타이머 기능이 탑재되어 있고 흰 갓 모양의 커버가 씌워져 있어 불을 켜면 간접 조명으로도 활용할 수 있다.

이 상품은 좋은 향기를 맡으며 편안히 쉬거나 재충전하기를 원하는 인간 공통의 본능적 욕구를 충족시키며 세계적으로 히트했다.

가전제품이라서 국가별, 지역별 법규와 콘센트 형태, 언어 등에 따라 사양이 조금씩 달라지지만 디자인은 세계적으로 동일하다.

❷ '젤 잉크 볼펜', '문지르면 지워지는 볼펜' 등의 필기구

MUJI의 볼펜 등 필기구의 품질은 세계적으로 매우 높이 평가되고 있다. 일본인은 당연하게 생각하지만, 잉크가 끊김없이 나오는 데다 줄줄 새지 않는 일본제 필기구의 품질은 어디에서나 호평을 받고 있다. MUJI의 문구는 그런 기본적 신뢰 위에 있기에 대체로 인기가 높다.

참고로 유럽의 경우, 최근까지도 문구 전문점이 백화점 안에만 입점해 있었으므로 품질과 구색 면에서 MUJI에 경쟁할 만한 브랜드가 없었다. 따라서 심플하고 품질 좋은 문구를 MUJI에서 찾으려는 고객이 매우 많아, 일본보다 유럽에서 문구 매출 구성비가 더 높았다.

이처럼 일본에서는 평범하게 여겨지는 상품이지만 다른 나라나 지역에서는 높은 경쟁력을 갖춘 특별한 제품이라는 반응을 얻고 히트한 경우가 많았다.

❸ PP 수납함(반투명 폴리프로필렌 수납 용품)

얼핏 보면 별다를 것 없는 수납 용품이지만, 엷은 흰색의 반투명한 색상과 여러 개를 안정적으로 쌓아올릴 수 있도록 정확하게 모듈화한 사이즈는 일본 제조업의 높은 기술력 덕분에 구현할 수 있었던 사양이다.

순수함이 돋보이는 반투명 소재는 색을 입히는 공정을 생략

한 결과물이다. 사실은 색을 입히는 편이 제조하기가 더 쉽다. 소재가 얼룩덜룩하거나 속에 이물질이 포함되어 있는 경우 색을 입히면 깔끔해지기 때문이다.

이 상품도 다른 수납 용품과 사이즈를 맞춘 모듈화 상품으로 세계적인 인기를 끌고 있다.

❹ 아크릴 수납함

아크릴은 재생 종이, 알루미늄과 함께 가장 MUJI다운 소재로 손꼽힌다. 장인이 아크릴 판을 한 장 한 장 붙여서 만든 MUJI의 아크릴 수납함은 투명도와 조립 정밀도 등이 매우 높아 전 세계에 많은 팬을 거느리고 있다. 또 무색투명한 데다 무늬나 브랜드 마크조차 붙어 있지 않으므로 어디에나 잘 어울린다. 그래서 업무용으로도 쓰이고 레스토랑과 각종 판매점의 비품으로도 쓰인다. 심지어 MUJI의 아크릴 수납함에 식품을 담아 손님에게 접대하는 레스토랑을 본 적도 있다.

CHAPTER 2

심플하게 만든다

'이거면 됐어'라는 사고방식

목표 고객을 압축하지 않고 최대공약수를 찾는다

MUJI의 상품은 심플하고 보편적이어서 세계 곳곳의 문화의 벽을 초월한다.

그러기 위해 MUJI는 최대공약수의 개념을 활용하여 되도록 많은 사람이 '좋다'고 생각하는 상품을 개발하려 하고 있다. 각각의 취향과 문화에 너무 맞추지 않는다는 뜻이다.

일반적인 마케팅 이론에서는 목표 고객층을 명확히 하고 그 고객층에 딱 맞는 상품을 만들 것을 권한다. 마케팅의 기본 이론인 'STP〔시장 세분화(Segmentation), 목표시장 설정(Targeting), 포지셔닝(Positioning)〕 전략'에서도, 고객을 분류(세분화)하고 그중 어떤 집단을 목표로 삼을지 결정(목표 설정)한 뒤에 자사의 상품, 서비스를 시장의 어떤 지점에 위치시킬지 구상(포지셔닝)하라고 말한다.

경영과 마케팅을 모르는 일반인은 목표를 좁히기보다 시장을 전체적으로 겨냥해야 많은 매출을 올릴 수 있다고 생각하기 쉽지만 사실은 그렇지 않다. 목표가 명확하지 않으면 방향성이 흐트러져 상품의 특징이 모호해지므로 고객에게 매력적으로 어필하기 어려워진다.

따라서 일반적인 기업은 한정된 경영 자원으로 최대의 성과를 올리기 위해 촘촘히 세분화한 고객층을 목표로 삼는다. 시장 전부를 겨냥하는 것은 기업이 취하기에 매우 어려운 전략이다.

반면 MUJI는 다른 기업들처럼 대상 고객을 세분화하지 않는다. 현재 판매 데이터에서 드러난 MUJI의 주요 고객은 베이비붐 주니어 세대인 30대 후반에서 40대 중반의 여성이지만, 실제로 출시된 상품은 그보다 훨씬 넓은 고객층을 대상으로 삼고 있다.

목표 고객층을 압축하고 그 고객층의 기호에 맞는 상품을 내놓으면 거기 해당되는 고객들은 분명 기뻐할 것이다. 그러나 MUJI는 그런 방식으로 상품을 제작하지 않는다.

MUJI는 어떤 공간에서 누가 사용하더라도 생활 속에 자연스럽게 녹아드는 상품을 만들고자 한다. 제품 설계에 이런 콘셉트가 반영되어 있고, 특정 고객층에 다가서려 노력하지 않기 때문에 MUJI는 마치 마케팅이 없는 브랜드처럼 비춰진다.

'바로 이거야'가 아니라 '이거면 됐어'

앞서 말했듯, MUJI는 목표 고객층을 압축하지 않고 최대공약수적 상품을 만든다. MUJI식으로 말하자면 '이거면 됐어' 싶은 상품을 만드는 것이다. 즉 세세한 개인적 취향에 딱 들어맞아서 '바로 이거야' 싶은 상품이 아닌, 불특정 다수가 합리적으로 만족할 수 있는 '이거면 됐어' 수준의 상품을 만든다.

고객은 일반적으로 '(내가 찾던 제품이) 바로 이거야'를 지향한다. 자신의 취향에 딱 맞는 상품을 찾는 것이다. 그래서 상품을 개발하는 사람도 '바로 이거야'를 추구한다. 이것은 마케팅적 발상이다. 그러나 MUJI의 개발자는 다른 개발자와는 달리 '바로 이거야'가 아니라 '이거면 됐어'를 추구한다. 때문에 상품에서 마케팅 활동의 흔적이 잘 드러나지 않는다. '보이지 않는 마케팅'이야말로 가장 MUJI다운 특성이다.

'이거면 됐어'가 과연 어떤 수준을 표현하는지 구체적으로 설명하기는 어렵다. 고객의 욕구의 최대공약수가 과연 무엇인지, 대상을 압축하지 않았을 때의 적절한 만족도는 과연 어느 정도인지에 대한 구체적인 기준이 있을 리 없다. 이처럼 규칙이 없는 데다 규칙을 멋대로 정할 수도 없으니, 개발자는 동시대의 생활자 대부분이 선호하는 것에 대한 현실적 감각에 의존하여 상품을 개발하는 수밖에 없다.

나도 새로운 상품을 만들 때마다 그것이 MUJI의 기준에 '적합'한지 '부적합'한지 항상 고민했다.

그래도 버릴 것을 다 버리고 더 이상 버릴 게 남아 있지 않는 상태, 즉 '이거면 됐어'를 추구한다는 기본자세만은 견고하다. 덕분에 MUJI의 상품은 오늘도 최대공약수적인 상태를 유지하고 있다.

MUJI의 상품 구색은 매우 광범위하지만, '느낌 좋을 만큼'이라는 또 하나의 기준에 부합하느냐 아니냐가 그처럼 다양한 상품 개발의 적합성을 판단하는 또 다른 기준이 되고 있다. 그 판단에는 '이거면 됐어'라고 판단할 때와 유사한 현실적 감각이 활용된다.

'이거면 됐어'라는 사고방식

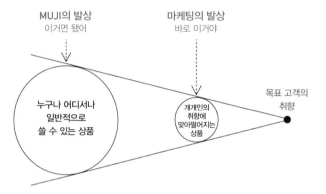

MUJI의 발상
이거면 됐어

마케팅의 발상
바로 이거야

누구나 어디서나
일반적으로
쓸 수 있는 상품

개개인의
취향에
맞아떨어지는
상품

목표 고객의
취향

개성의 한 걸음 앞에서 멈출 것

MUJI의 '이거면 됐어'라는 말은 소비자가 합리적으로 납득하고 구매할 수 있는 상품의 수준을 단적으로 표현한다.

이것은 단순히 개성을 없애기만 하면 도달할 수 있는 수준이 아니다. 그래서 MUJI는 전 세계 고객이 '심플하고 편리하다'고 인정하는 상품을 만들기 위해 다양한 노력을 끊임없이 기울이고 있다.

'이거면 됐어' 싶은 상품을 만들 수만 있다면 전 세계의 거대한 시장을 만족시킬 수 있다. 반대로 '바로 이거야'를 추구하며 상품의 개성을 강화한다면 시장 크기가 줄어들 것이다. 한편 합리적으로 만족스러운 수준에 도달하지 못한 상품 역시 고객에게 외면 받아 시장 크기를 축소시킬 것이다.

따라서 MUJI는 상품의 가격과 품질, 디자인 등의 측면에서 소비자가 '포기'하거나 '타협'하지 않아도 되는 절묘한 수준, 즉 '이거면 됐어'를 끊임없이 추구한다.

'이거면 됐어' 싶은 상품이란 '개성의 한 걸음 앞에서 멈춘 상품'을 말한다. 이처럼 상품을 개발할 때 개인의 개성을 완전

합리적 만족도와 시장의 크기

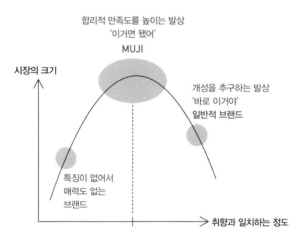

합리적 만족도를 높이는 발상
'이거면 됐어'

MUJI

시장의 크기

개성을 추구하는 발상
'바로 이거야'
일반적 브랜드

특징이 없어서
매력도 없는
브랜드

취향과 일치하는 정도

히 반영하지 않고 조금만 덜어낸다면 상품의 범용성이 높아져 총 고객 수가 늘어나고 상품의 용도도 훨씬 다양해질 것이다. 하지만 이것은 모두에게 잘 보이려 애쓰는 부질없는 노력과는 다르다.

MUJI가 처음부터 되도록 많은 고객을 받아들일 목적으로 '이거면 됐어'라는 사고방식을 채택한 것은 아니다. 오히려 수가 적어도 좋으니 우리의 사상을 이해해 주는 고객들에게 상품을 제공해야겠다고 생각했다(상세한 설명은 제4장 참조).

즉 MUJI의 마케팅은 고객을 세분화하기보다 '고객을 새로 창조한다'는 혁신적 사고에서 출발한 셈이다. 그러니까 마케팅이 보이지 않는다는 것이지 없다는 것은 아니다. 오히려 MUJI 제품 뒤에는 고도의 마케팅 전략이 숨어 있는 셈이다.

마지막까지 남을 물건을 만든다

최근 서점에 나가 보니 다쓰미 나기사(辰巳渚)의 『버리는 기술』(이레, 2008)과 야마시타 히데코(山下秀子)의 『버림의 행복론』(행복한 책장, 2011)이 꾸준히 팔리고 있던데, 이것만 보아도 요즘 사람들이 정리 정돈에 얼마나 관심이 많은지 알 수 있다.

물건을 적게 소유하는 프랑스인의 생활을 소개한 제니퍼 스코트(Jennifer Scott)의 『시크한 파리지엔 따라잡기』(티타임, 2013)도 인기를 끌고 있다. 다소 극단적일 만큼 물건을 줄인 라이프스타일을 소개한 유루리 마이(ゆるり まい)의 『우리 집엔 아무것도 없어』(북앳북스, 2015)도 주목을 받고 있다.

이처럼 요즘 사람들의 관심은 불필요한 물건을 줄이고 집 안을 잘 정리하여 소수의 좋아하는 물건만 갖고 생활하는 라이프스타일에 쏠려 있다. 아깝다는 이유로 물건을 집에 쌓아 놓다 보니 집 안이 물건으로 가득해져서 오히려 쾌적하게 생활하지 못하는 경우가 많았기 때문이다.

MUJI의 상품을 활용하면 이런 삶의 문제를 효과적으로 해결할 수 있다. MUJI는 새로운 라이프스타일로 주목받는 '미니멀리즘'과도 아주 잘 어울린다.

인기 블로그의 운영자 야마구치 세이코(やまぐち せいこ)에 따르면, 미니멀리즘이란 '적은 물건으로 깔끔하게 생활하는' 라이프스타일을 말한다. 그녀는 자신의 저서인 『무인양품으로 시작하는 미니멀 라이프』(터닝포인트, 2016)에서 '좋아하는 물건을 하나씩 사 모은 결과 잡다한 스타일이 서로 상충되어 집 안이 어지러워졌다. 그래서 이사를 할 때마다 필요 없는 물건을 조금씩 버리기 시작했는데, 나중에 보니 MUJI의 상품만 남아 있었다'라고 고백했다. 이때 MUJI의 저력을 발견한 것을 계기로 나중에 책까지 쓴 것이다.

그녀는 MUJI와 미니멀리즘이 잘 맞는 이유를 이렇게 설명한다. ① MUJI 상품은 어떤 공간에도 잘 어울린다. ② MUJI 상품은 다양한 변화에 대응할 수 있다. ③ MUJI 상품은 가족과도 공유하기 쉽다.[3]

'어떤 공간에도 잘 어울린다'는 것은 무슨 뜻일까? MUJI의 가구와 수납함은 용도가 다양한 데다 모듈화(사이즈가 통일되어 있음)되어 있어서 사용 목적에 따라 원하는 대로 조립해서 쓸 수 있다는 뜻이다.

또 '다양한 변화에 대응하기 쉽다'는 말은 부품을 추가하거나 뺄 수 있으므로 가족의 성장, 가족 형태의 변화에 맞추어 변형할 수 있다는 뜻이다.

마지막으로 '가족과 공유하기 쉽다'는 것은 흰색, 베이지색 등 심플한 색을 주로 사용하기에 성별이나 연령에 관계없이 공용으로 쓸 수 있다는 뜻이다.

이처럼 MUJI의 상품은 사용 장소나 사용자의 변화에 매우 유연하게 적응한다.

1 + 1 = 1

MUJI는 전 세계에 콤팩트 라이프(Compact Life)의 브랜드 이념을 널리 전하려 한다. 이를 위해 주요 상품군인 수납 용품을 비롯하여 깔끔한 디자인과 범용성을 갖춘 다양한 상품들을 생산·판매함으로써 소비자가 이들 제품을 통해 정돈된 심플하고 쾌적한 생활을 누릴 수 있도록 힘쓰고 있다.

창업자는 일본과 홍콩, 영국 등지에서 세계인의 라이프스타일을 관찰하면서, 콤팩트한 생활에 관한 일본의 노하우가 세계적으로도 통용된다는 사실을 깨달았다. 그리고 그 깨달음에서 무지의 브랜드 이념을 도출했다. 현재 MUJI는 이 이념을 실천하는 동시에 상품의 기능적 범용성을 높이기 위해 끊임없이 노력하고 있다.

그 노력은 때로 '1 +1 =1'이라는 공식으로 표현된다. 이것은 간단히 말해 두 가지 기능을 조합하여 하나의 상품을 만들어내는 방식이다. 대표적인 예로 수건걸이를 겸한 안전 손잡이, 본체 부분에 제습 기능을 추가한 물주전자, 냉장고를 넣을 수 있게 만든 조립식 주방 선반 등이 있다. 이외에도 다수의 독특한 아이디어가 기획 디자인실의 디자이너를 중심으로 개발되고 있다(『무인양품 디자인2』, 미디어샘, 2017).

이때 개발팀은 단순히 여러 기능을 한데 모으는 것이 아니라 실제 소비자가 깊이 공감할 만한 아이디어를 실현시키는 데에 중점을 두어야 한다.

위의 사례처럼, MUJI의 상품들은 콤팩트 라이프를 지향하며 점점 더 합리적인 형태를 갖춰가는 중이다. 아이폰을 비롯한 스마트폰이 카메라, MP3 플레이어, 시계, 스케줄러, 메모장, 계산기, 녹음기, 책, 라디오 등 다양한 상품과 기능을 한데 받아들여 그 모두를 대체하게 된 것처럼 말이다.[4]

그러나 IT 등 디지털 기술에 의존하여 혁신을 이룩한 스마트폰과는 달리, MUJI는 아날로그 기술을 활용하여 점점 더 합리적인 해답을 찾아나갈 것이다.

공정을 개선하기 위해 염색을 생략하다

MUJI의 상품을 기획할 때 창업 당시부터 중시되었던 세 가지 원칙이 있다. '공정의 개선', '소재의 엄선', '포장의 간소화'다.

예를 들어 언젠가부터 MUJI를 대표하게 된 '에크루(ecru, 천연색)'는 원단의 염색과 표백 공정을 생략함으로써 탄생한 색상이다. 처음에는 가격을 낮추기 위해 공정을 생략했지만 결과적으로 면 자체의 느낌이 최대한 살아난 상품을 얻을 수 있었다. 공정을 생략함으로써 상품의 매력을 더욱 향상시킨 대표적인 사례다.

이밖에도 MUJI는 소재를 선정할 때 재활용 가능성을 항상 고려한다.

공정을 개선하여 기존에 존재했던 상품을 변경하는 것 역시 MUJI 상품 개발팀의 업무다. 특히 색, 장식물, 소재를 변경하는 일은 비교적 자주 일어난다. 예를 들어 착색을 생략하면 소재의 색이 도드라져 상품의 분위기가 더욱 내추럴해진다.

공정을 개선하여 소재 고유의 색을 살린 사례로는 JICA(국제협력기구)와 함께 케냐에서 수입·개발한 '소프스톤 거치대'[5](2012~2015년에 판매됨)를 들 수 있다. 이것은 돌을 동물 모양으로 깎은 공예품으로, 원래는 아프리카 특유의 화려한 색을 띠고 있었지만 MUJI가 착색 과정을 생략함으로써 부드러운 색상(크림색과 회색)으로 바꾸었다. 아프리카 특산품이므로 아프리카 특유의 화려한 색상도 나쁘지 않았지만, MUJI에서 판매하기 위해서는 돌 본연의 자연스러움을 살리고 MUJI의 다른 인테리어 상품과도 잘 어울리게 만들어야 했기 때문이다.

양이나 알파카 등 동물 털로 만든 스웨터와 양탄자 등도 염색을 하지 않은 천연색 그대로를 상품화했다. 그러자 염색 등의 공정이 생략되어 쓸데없는 비용이 줄어들었을 뿐만 아니라 소재 본연의 멋이 돋보이는 상품을 속속 선보일 수 있게 되었다.

'이유'를 전달한다

MUJI는 '왜 이런 상품을 만들었는지'를 고객에게 반드시 알리려 한다.

MUJI가 탄생했을 당시의 광고 문구도 '이유 있게 싸다'[6]였다. MUJI 상품은 가격은 저렴하지만 품질이 좋은 '양품(良品)'이다. 어떻게 그럴 수 있을까? MUJI는 그 이유를 전달함으로써 MUJI라는 새로운 콘셉트를 사람들에게 이해시키려 한다.

MUJI는 언제나 '설명'을 중시한다. 그래서 중요한 소통 수단으로 활용되는 것이 태그(상품 라벨)다.

양품계획의 가나이 마사아키(金井政明) 회장은 태그에 관해 이렇게 말했다.[7]

상품 라벨(태그)의 레이아웃을 만들고 그 안에 '이유'를 기재해야 한다고 주장한 사람은 고지타니 히로시(麹谷宏) 씨였습니다. 고지타니 씨는 당시 프랑스에서 포도주 라벨을 디자인하고 있었는데, 포도주 라벨에는 산지와 포도의 품종 등, 상품의 '이력'이 상세히 기록된다는 이야기를 했습니다. 그러다 자연스럽게 무인양품의 상품 라벨 이야기가 나왔습니다. 당시 상품 라벨에 소재나 가격, 개발 배경 등의 '이유'를 기재한 일용품 따위는 없었습니다. 즉 그때까지 상품 가격에 영향을 미친 다양한 요인과 철학을 솔직히 전달하는 일용품은 존재하지 않았다는 말입니다.

MUJI는 태그 외의 영역에서도 '이유'를 전달하려고 애쓴다. 예를 들면 '푹신 소파', '목 따끔거림을 줄인 터틀넥 스웨터'와 같이, 상품명으로 상품의 편익을 전달하려 한다.

이미 히트 상품이 된 '누락 목화솜 이불'도 상품명으로 '이유'를 전달한 사례다. '누락 목화솜'이란 방적 공장의 제조 과정에서 기계 밖으로 비어져 나온 자투리 솜을 말한다. 그런데 방글라데시에 이런 자투리 솜을 전문으로 취급하는 공장이 있고, 거기서 이불과 수건을 만들 수 있다는 정보가 흘러들어왔다. 그래서 사내 조달 부서에서 이를 검토하여 상품화하기로 결정했다. 그리고 상품명에 일부러 '누락 목화솜'이라는 단어를 넣어 상품의 유래를 전달했다(지금은 생산지가 중국으로 옮겨졌음).

참고로, 해외 매장의 입구에는 'What's MUJI? (MUJI란 무엇인가)?'를 설명하는 안내판을 걸어둔다. 해외 고객이 MUJI의 세계관을 이해하도록 돕기 위해서다(제7장 참조).

'느낌 좋을 만큼'의 가치를 실현한다

MUJI의 기본 방침 중 하나는 '느낌 좋을 만큼'이라는 가치를 실현하는 것이다. 양품계획의 홈페이지에서는 이 방침을 이렇게 설명하고 있다.

무인양품은 1980년에 '이유 있게 싸다'라는 표어를 내걸고 세이유의 자사 PB상품 개발 경험으로 만들어낸 저렴하고 질 좋은 상품을 선보이며 출발했다. 무인양품의 상품 개발 목표는 '생활의 기본이 되는 필수적인 물건을 필수적인 형태로 만드는 것'이었다. 그래서 소재를 엄선하고 생산 공정과 포장을 간략화한 결과, 심플하고 아름다운 상품으로 오랫동안 고객들의 사랑을 받을 수 있었다.

무인양품 탄생 이래, 우리는 당초의 철학을 더욱 발전시키며 생활자와 생산자를 배려한 상품과 서비스를 계속 제공함으로써 전 세계 사람들에게 '느낌 좋을 만큼'의 가치를 제시해 왔다. 우리는 '상업'을 통해 사람들을 기쁘게 하고 아름다움을 전파하며 사회에 공헌할 수 있다고 믿는다.

나중에 자세히 다루겠지만, 사람이 느끼는 행복감에는 '짜릿한 행복감'과 '차분한 행복감' 두 종류가 있다고 한다. MUJI의 상품을 활용한 라이프스타일을 선호하는 사람이라면 둘 중 차분한 행복을 추구할 가능성이 높다. MUJI의 상품은 현재의 생활을 정성껏 채워나가고 싶은 사람들에게 선택받고 있다.

　MUJI는 천연 소재, 심플한 디자인, 온화한 색채를 주로 사용한다. 소비자에게 이런 '온화함'과 '쾌적함'을 갖춘 생활 용품을 제안하다 보면 '느낌 좋을 만큼'의 가치가 반드시 실현될 것이라고 믿는다.

두 종류의 행복감과 MUJI

일본의 국어대사전인 『고지엔(広辞苑) 제6판』에 따르면 '행복'이란 '마음이 채워지는 것 또는 그런 모양, 행운'을 뜻한다.

한편 행복감을 다룬 최근의 다양한 연구에서는 '행복감'을 하나의 의미로 파악하지 않고 '짜릿한 행복감'과 '차분한 행복감'으로 나누어 파악하는 경향이 있다.

'짜릿한 행복감'이란 앞으로 일어날 일이 기대되어 설레는 느낌이다. 반면 '차분한 행복감'이란 마음이 평화롭고 편안해지는 느낌이다.

연구 결과, 젊은이는 대체로 미래 지향적이라서 짜릿한 행복감을 잘 느끼는 것으로 나타났다. 그래서 젊을수록 짜릿한 행복감이 느껴지는 상품을 선택하는 경향이 강하다.

반대로 나이를 먹을수록 현재 지향적으로 변하므로 차분한 행복감이 느껴지는 상품을 선택한다.

연구자는 검증을 위해 허브티, 음악, 음료수를 짜릿함이 느껴지

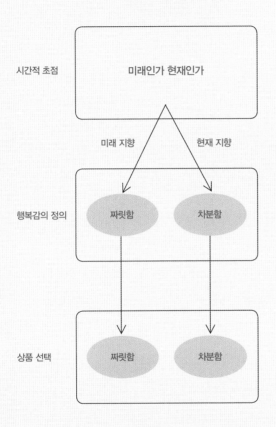

행복감과 상품 선택

시간적 초점	미래인가 현재인가
미래 지향	현재 지향
행복감의 정의	짜릿함 / 차분함
상품 선택	짜릿함 / 차분함

모길너, 아커, 캄바(Mogilner, Aaker and Kamvar)의 2014년 보고서에서

는 것과 차분함이 느껴지는 것으로 각각 준비하여 실험을 진행했다.[8] 그 결과, 젊은 사람이라도 현재 지향적으로 프라이밍(priming, 사전에 특정한 자극을 가하는 것으로, 이 자극을 통해 대상의 특정한 지식을 활성화할 수 있다)하면 차분한 행복감을 중시하여 온화한 상품을 주로 골랐다. 반대로 나이가 많은 사람이라도 미래 지향적인 프라이밍을 하면 짜릿한 행복감이 느껴지는 상품을 선택할 확률이 높아졌다.

MUJI처럼 온화한 이미지의 상품을 구매하는 사람 중에는 아무래도 차분한 행복감을 지향하는 사람이 많을 것이다.

'스테레오타입 내용 모델'과 MUJI의 호소

MUJI는 각각의 상품을 호소할 때 뛰어난 기능과 품질을 '이유'로 든다. 한편 상품의 집합체인 브랜드를 호소할 때는 '느낌 좋을 만큼', '신중한 라이프스타일', '사람의 따스함', '사람과의 연계' 등의 인간미 어린 따뜻함을 키워드로 내세운다.

우리는 사람과 조직을 스테레오타입, 즉 '고정관념'으로 판단할 때가 많다. 그래서 일반적으로 능력이 뛰어난 사람에게는 기능적이고 차갑다는 인상을 받고, 반대로 따뜻해 보이는 사람일수록 기능과 능력이 부족하지 않을지 의심한다.

그런데 사회심리학에 '스테레오타입 내용 모델(Stereotype Content Model)'이라는 이론이 있다. 이 이론 모델에서는 가로축을 능력(Competence), 세로축을 사람의 따뜻함(Warmth)으로 설정함으로써 스테레오타입을 네 가지로 나누었다.

분석 결과, 능력은 뛰어나지만 따뜻함이 없는 사람은 '질투'의 대상이 되기 쉽다. 능력이 뛰어나고 따뜻함도 있는 사람은 '존경'을 받는다. 반면 능력이 열등하고 따뜻함이 있는 사람은 '동정'을 받고, 능력도 따뜻함도 떨어지는 사람은 '경멸'을 받는다.

그런데 우리는 사람을 판단할 때와 마찬가지로 스테레오타입에 의존하여 상품과 브랜드를 판단하기 쉽다. 어떤 연구[9] 결과, 대개의 소비자는 친환경 상품이 일반 상품보다 기능이 떨어진다고 생각한다고 한다. 그래서 친환경 비누는 세정력이 약하다고 무의식적으로 판단하여 오히려 많은 양을 사용한다는 것이다.

이런 경우 제3자인 공공기관의 품질 보증 표시를 추가하면 그 상품의 기능성에 대한 고정관념을 해소할 수 있다.

이 연구 결과는 리더십에도 적용할 수 있다. 흔히 부하에게 자신의 능력과 장점을 먼저 부각한 후에 인간적인 따뜻함을 드러내는 지도자 유형이 많은데, 사실은 따뜻함을 먼저 드러내야 부하에게 효과적인 영향을 미칠 수 있다고 한다.[10] 이처럼 사람을 대할 때는 따뜻함을 우선해야 좋은 평가를 받는다.

그러나 상품을 선택할 때는 '능력'에 대한 평가가 '따뜻함'보다 우선된다. 예를 들어 소위 공정무역 상품으로, 품질은 약간 떨어져 보이지만 구매하면 개발도상국에 도움이 되는 상품이 있다고 하자. 훈훈한 사회적 의미를 생각하고 구매를 결정하는 사람도

스테레오타입 내용 모델

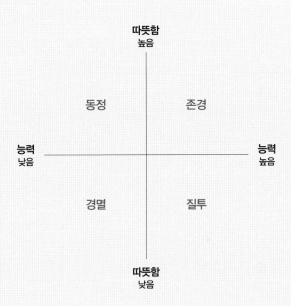

커디(Cuddy) 등의 보고서(2011)를 참고하여 필자가 작성함[11]

있겠지만 대부분은 그 상품의 기능이 자신의 생활에 도움이 될지를 고려하여 구매를 결정한다.

사람이든 상품이든 브랜드든, 능력과 따뜻함이 둘 다 뛰어난 것이 바람직하다. 그래서 인기 있는 브랜드는 대체로 두 가지 모두를 갖추었다. MUJI의 경우, 상품은 능력을 호소하고 브랜드는 능력과 따뜻함을 동시에 호소한다고 볼 수 있다.

심플한 상품을 언어로 장식한다

MUJI의 일부 대형 점포에서는 자사 상품과 함께 책을 판매한다. 일명 'MUJI BOOKS'라는 판매 형태다. MUJI BOOKS가 적용된 점포[12]에 가면 나무로 만든 이동식 곡면 책장(통칭 '북 드래곤'으로 불리는 오리지널 제품) 안에 다양한 분야의 책이 꽂혀 있는 것을 볼 수 있다. 소비자는 그곳에서 MUJI의 다양한 상품과 책이 어우러져 만들어낸 흥미로운 쇼핑 공간을 체험할 수 있다.

이런 점포 구성의 선구자는 일본의 이색 서점으로 유명한 '빌리지 뱅가드(Village Vanguard)'로, 책과 잡화가 융합된 장난감 상자 같은 매장을 운영하는 곳이다. MUJI에서도 그와 똑같은 도전을 시작했다.

MUJI BOOKS가 도입된 점포에서는 각각의 상품군에 관련된 책을 근처의 책장에 진열한다. 책 제목과 표지만 둘러보아도 MUJI 상품 구색이 얼마나 심오한지 느낄 수 있다.

책을 읽고선 주변을 둘러보면 책과 관련된 MUJI 상품이 눈에 들어온다. MUJI의 심플한 상품들은 책이 제안하는 라이프스타일을 실현하도록 도와줄 도구처럼 보인다. 즉 상품이 책의 언어로 장식되어 다채롭게 빛나는 것이다. 매장이 판매용 상품을 단순히 진열하는 장소에서 그치지 않고 새로운 생활을 찾아나서는 흥미진진한 장소로 바뀐 것만 같다.

책 역시 전문가인 편집공학연구소의 마쓰오카 세이고(松岡正剛)의 손길을 거쳐 엄선된 상품들이므로 자신도 모르게 흥미가 생겨 펼쳐 보고 싶어진다. 게다가 일반 서점과는 달리 책이 라이프스타일을 기준으로 분류되어 있으므로 둘러보는 재미가 더욱 쏠쏠하다(매장 관리 측면에서는 약간 힘들지도 모르지만).

MUJI 상품은 군더더기를 뺀 소위 실용품이므로 생활에 꼭 필요한 상품이 많다. 이런 상품을 선택할 때 대개의 소비자는 목적을 고려한다. 그리고 그 목적에 비추어 가격이 합리적이라고 판단하면 구매를 결정한다.

그러나 근처에 책이 있으면 실용품이 언어로 장식된다. 소비자는 언어의 자극을 받아 자신이 MUJI 상품을 사용하는 장면을 머릿속에 떠올린다. 즉 MUJI는 자신의 생활을 스스로 꾸미려는 소비자의 의욕을 책이라는 도구로 북돋움으로써, MUJI의 상품을 메마른 물건이 아닌 실제 생활을 연상시키는 정서적 상품으로 바꾸어놓으려 하고 있다.

쇼핑 경험과 MUJI BOOKS

예전부터 마케팅과 심리학 분야에서는 소비자의 기분에 따른 구매 의도에 관한 실험이 종종 실시되어 왔다.

한 연구[13] 결과에 따르면, 소비자는 쇼핑을 하다가 기분이 좋아지면 매장에 좀 더 오래 머무르며 더 많은 상품을 구매한다고 한다. 긍정적인 감정을 유발하면 고객이 점포에 체류하는 시간이 길어지고, 연관 구매 등 비계획적 구매를 할 확률도 높아진다는 것이다.[14]

이처럼 매장 분위기를 개선하여 고객이 긍정적인 감정을 느끼도록 하는 일은 고객뿐만 아니라 판매자에게도 큰 이득을 가져다준다.

소매점은 '쇼핑 경험'을 즐기는 곳이다. 우리는 상품뿐만 아니라 상품을 구매하는 경험에까지 돈을 지불하고 있다. 반대로 소매점은 우리에게 상품 자체뿐만 아니라 점포 직원의 정중한 태도, 청결한 점포 환경, 브랜드 특유의 분위기 등 다양한 무형 요소를 판매한다. 브랜드가 이처럼 상품, 정보, 환경을 조합하여 제공하는 쇼핑 경험은 소비자에게 긍정적인 감정을 불러일으킨다.

앞에서 언급한 MUJI BOOKS 역시 새로운 쇼핑 경험을 제공하여 소비자가 긍정적인 감정을 느끼도록 만들려는 시도라 할 수 있다.

소비자의 구매 행동과 MUJI의 강점

소비자는 어떻게 구매를 결정할까? 상품에 관심이 많은 고객(고관여 고객)은 상품의 정보를 면밀히 조사하고 분석한 후 구매한다. 반대로 관심이 적은 고객(저관여 고객)은 상품 정보를 대략적으로 알아보거나 전혀 알아보지 않은 채 평소와 똑같은 것을 고른다.

뉴욕 대학 마케팅 교수인 H. 아셀(H. Assael)은 '관여도'와 '숙고의 정도(의사 결정의 필요성)'에 따라 소비자의 구매 행동을 네 가지 유형으로 나누었다.[15]

'관여도가 높고', '의사 결정이 필요한' 경우에는 복잡한 의사 결정이 이루어진다.

또 '관여도가 높고', '습관적으로 선택'한다면 '브랜드 충성도'가 높은 고객으로 볼 수 있다. 이들은 과거의 구매 경험에 만족했기 때문에 고관여 상품임에도 숙고하지 않고 구매를 결정한다.

'관여도가 낮고', '의사 결정이 필요한' 고객은 소극적인 정보 탐색으로 만족한다. 사려던 상품 외에도 좋아 보이는 것이 있으면 이것저것 시도해 보는 '다양성 추구 행동(Variety Seeking Behavior)'을 보이기도 한다.

'관여도가 낮고', '습관적으로 선택하는' 고객은 동일 브랜드 상품을 반복 구매한다. 단, 이런 고객은 브랜드 충성도가 높아서가 아니라 상품을 조사하거나 생각하기가 귀찮아서 복잡한 의사 결정을 생략하고 습관에 따라 상품을 구매한다.

이처럼 소비자의 구매 행동에는 여러 유형이 있고, MUJI에도 다양한 유형의 소비자가 찾아온다. 그러면 MUJI의 고객은 대체로 어떤 구매 행동을 취할까?

'관여도가 높고', '의사 결정이 필요한' 고객은 정보를 수집하여 신중히 숙고한 후 구매를 결정할 것이다. 그러므로 상품 태그에 기재된 정보와 인터넷상의 후기까지 참고할 가능성이 높다. 고관여 상품인 고가의 상품(가전제품 및 가구 등)에 대해서는 매장 직원에게 설명을 요청할지도 모른다. 참고로 모든 MUJI 매장에는 가구 전문 직원인 인테리어 어드바이저가 배치되어 있어서 고객에게 정보를 제공하며 의사 결정을 돕고 있다.

'관여도가 높고', '습관적으로 선택하는' 고객의 경우 브랜드 충성도가 관건이다. MUJI 상품을 반복적으로 구매하는 고객은 정도의 차이는 있지만 대체로 브랜드 충성도가 높다. 'MUJI라면 괜찮아'라는 신뢰감으로 상품을 선택하기 때문이다. 이 단계가 되면 브랜드의 신뢰감 형성과 고객 관계 관리(CRM, Customer Relationship Management)가 가장 중요해진다.

MUJI의 고객 중에 '관여도가 낮고', '습관적으로 선택하는' 유형 또한 있을지 모른다. 이런 유형은 의사 결정에 에너지를 소모하지 않기 위해 '평소에 쓰던 것이니까'라는 생각으로 선반의 상품을 꺼내 곧바로 구입한다.

'관여도가 낮고', '의사 결정이 필요한' 고객은 숙고의 범위를 한정하여 의사를 결정한다. MUJI 매장이 거기에 있고, 매장 안에 사려던 물건이 있으므로 가격, 디자인, 사이즈 등 중요한 부분만 합격하면 시간을 끌지 않고 구매하는 것이다.

MUJI는 마지막 유형에 해당하는 '관여도가 낮고', '의사 결정이 필요한' 고객들에게 강한 듯하다.

대개의 소비자는 자신이 신경을 많이 쓰는 고관여 상품을 고를 때는 여러 브랜드에서 취향에 맞는 것들을 찾아내고 그중 하나를 신중하게 선택한다. 반면 관여도가 낮고 의사 결정이 필요한 경우에는 '무난한' 상품을 선택하려는 경향이 있다. 그럴 때 '색상도 차분하니까 다른 제품들과 맞추기 쉬울 거야'라며 안심하고 구매할 수 있는 브랜드가 MUJI다.

이처럼 '저관여', '의사 결정 필요' 유형의 고객을 처음부터 겨냥하는 브랜드는 많지 않다. MUJI가 바로 그런 브랜드로, 취향에 딱 들어맞지는 않아도 일단 구매했을 때 실패할 확률이 적어 안심이 되는 상품을 주로 취급한다.

그런가 하면 한번 구매해 본 MUJI 상품이 마음에 들어 브랜드 충성도가 높아지는 경우도 있다. 충성 고객을 늘리는 것은 마케팅에서 매우 중요한 일이므로, MUJI 역시 충성 고객을 늘리기 위해 '생활 양품 연구소', 'IDEA PARK', 'MUJI Passport' 및 SNS 시스템 등을 통해 고객과의 소통을 강화하고 있다.

한편 루이비통 등의 고급 패션 브랜드와 MUJI의 소비자 구매 행동은 판이하게 다르다.

고급 패션 브랜드의 상품은 고객의 취향 추구 활동, 자기표현, 자기실현을 돕는 도구다. 마케팅 용어로 말하자면 '쾌락적 상품'이다. 이런 상품을 고를 때와 일상생활에 도움을 주는 '실용적 상품'을 고를 때는 소비자의 구매 행동뿐만 아니라 가치관까지 달라지기 마련이다.

무엇이 '쾌락적 구매'이고 무엇이 '실용적 구매'인지 구분하기 위해서는 소비자가 구매한 브랜드가 무엇인지 살펴보거나 구매

구매 행동 유형

	고관여	저관여
의사 결정 필요	복잡한 의사 결정 과정	한정된 의사 결정 과정
습관적으로 선택	브랜드 충성도	타성

H. 아사엘의 2004년 보고서에서

를 결정할 때 어떤 가치를 우선했는지 살펴보면 된다. 즉 구매자가 소파나 테이블에 특히 관심이 많아서 마음에 쏙 드는 디자인을 찾아 구매한다면 MUJI에서도 '쾌락적 상품'을 구매하는 셈이다. 한편 당장 쓸 합리적인 가격의 소파와 테이블을 구매한다면 '실용적 상품'을 구매하는 셈이다.

쾌락적 상품과 실용적 상품을 구매할 때 소비자는 각각 어떤 가치에 주목할까? 이에 관한 다양한 연구가 소비자 행동론 분야에서 이루어졌다.

그 초기 연구[16]에서는 소비자가 쾌락적 상품을 구매할 때 '구매 경험', '충동구매', '무계획적 쇼핑의 의외성', '기쁨', '설렘', '쇼핑하는 동안 불쾌한 일을 잊음', '모험하는 기분' 등의 가치를 느끼는 것으로 나타났다.

반면 실용적 상품을 구매할 때는 '지출을 줄였다', '갖고 싶었던 물건을 제대로 샀다', '찾던 상품을 구매했다'는 가치를 느낀다고 한다.

MUJI에는 '실용적 상품'이 많지만, 매장을 훑어보다가 무언가를 발견하고 '기쁨', '설렘'을 느낀다면 '실용적 구매'가 언제든 '쾌락적 구매'로 바뀔 수 있다.

CHAPTER 3

조화시킨다

일본 문화와 MUJI의 사상

끊임없이 묻는다 – 'MUJI란 무엇인가?'

MUJI의 운영사인 양품계획에는 유명한 매뉴얼이 있다. 총 2,000페이지나 되는 점포용 매뉴얼 '무지그램(MUJIGRAM)'이다. 판매원을 비롯한 점포 직원들은 다함께 이 매뉴얼을 첨삭해 가며 효율적인 점포 운영을 지향하고 있다. 한편 본부에는 '업무 기준서'라는 매뉴얼이 있다(『무인양품은 90%가 구조다』, 모멘텀, 2014).

그러나 상품 브랜드인 'MUJI'에 대한 매뉴얼은 없다. 그저 '무인양품'이라는 콘셉트가 있을 뿐이다.

MUJI는 롱 셀러 상품을 다수 취급하지만 한편으로는 새로운 상품도 속속 개발하고 있다. 그중 단기로 기획된 상품은 발매된 후 수 개월 안에 매장에서 없어지기도 한다.

요즘 MUJI는 진출국이 점점 늘어나서 국제적 다양성에도 대응해야 한다. 일본 소비자만 생각하고 상품을 개발하는 시대는 끝났으므로 세계 각지의 규제와 소비자 성향을 고려하여 MUJI다운 상품을 만들어야 하는 것이다.

이런 흐름에 따라 개발 업무는 더욱 신속하면서도 유기적으로 이루어지게 되었다. 그러다 보니 개발 방식도 예전과 확연히 달라졌다. 그럼에도 전 세계 MUJI에서 판매되는 상품은 MUJI 상품으로서의 일관성을 유지하면서 여전히 MUJI의 세계관을 드러내고 있다.

각각의 상품 개발에 관한 매뉴얼 또한 없다. MUJI의 근간에는 오로지 MUJI의 콘셉트만이 존재하며, 그 덕분에 MUJI는 시대와 국가를 불문하고 똑같은 브랜드 이미지를 유지한다.

MUJI에 종사하는 모든 사람이 자기 나름대로 MUJI의 콘셉트를 해석한다. 그 해석이 한데 뭉쳐져 현재의 MUJI를 만들어낸 셈이다. 즉 MUJI의 이미지는 누군가가 미리 정해 둔 것이 아니라, 관련자 전원이 대화하며 만들어낸 유기적인 결과물이다.

참고로 양품계획의 기업 이념 중 '양품 비전'이라는 것이 있다. 거기에 '양품(良品)의 정답은 미리 정해져 있지 않다. 그러니 스스로에게 물어보면 무한한 가능성이 보일 것이다'라는 대목이 있다.

즉 양품계획의 개발자는 'MUJI란 무엇인가?'를 끊임없이 묻고 동료, 고객과 대화를 나누면서 시대에 맞는 MUJI 상품을 만들어낸다. 그래서 MUJI는 시대를 따라 흔들리면서도 변하지 않는 하나의 본질을 유지한다.

예전에 나는 이 '양품 비전'이 MUJI의 특징은 분명히 표현하지만 한 기업의 비전으로서는 지나치게 모호하다고 생각했다. 일반적으로 기업의 비전이란 자사가 구체적으로 어떤 미래상을 지향하는지 규정하여 사원과 고객, 사회에 공표하는 것이기 때문이다. 이러한 점에 대해 내가 질문하자 가나이 회장은 이렇게 대답했다.

양품계획은 1995년에 주식 상장이라는 하나의 목표를 달성했는데, 그 결과 회사의 사원 전원이 일종의 상실감을 느끼게 되었습니다. 그래서 당시의 기우치(木內) 사장은 회사에 새로운 긴장감을 주기 위해 새로운 비전을 만들기로 했죠. 컨설팅 전문가, 점포 직원, 임원 등 다양한 관계자의 의견이 모여서 1년 만에 새로운 비전을 만들어냈습니다. 그러나 전문가가 만들었기 때문인지 말이 너무 유창한 감이 있었습니다.

양품계획은 2002년에 적자를 낸 이후로 매출과 수익을 꾸준히 신장시켜 왔지만, 사실 그것은 비용 절감 덕분이었습니다. 이처럼 본질적인 가치는 그대로인 채 비용만 절감하여 이익을 내는 상태로는 무인양품이 새로워질 수 없었습니다. 그런 위기감을 느꼈기 때문에 2008년에 사원과 사회가 쉽게 이해할 수 있는 형태로 새로운 방향성을 제시하게 된 겁니다.

이제 기존의 '양품 비전'은 MUJI의 이념을 표방하고, 새로 추가된 '양품계획의 가치관'은 사원이 지향해야 할 구체적인 방향성을 나타내는 것으로 정리되었다. 둘 다 있어야 진정한 MUJI가 완성된다.

양품계획의 가치관

행복
- 자랑스러운 회사를 만들자.
- 동료를 믿고 서로 돕자.
- 각자의 목표를 위해 노력하고 성취감을 맛보자.
- 우리의 생활을 풍성하게 만들자.

업무
- 시대 속의 '무인양품'을 그려내고 그 이상을 끊임없이 실현하자.
- 고객의 기대를 넘어서자.

문화
- 사회에 옳은 일을 하자.
- 모두 평등하게 토론하자.
- 도전을 즐기자.
- 한번 정한 것은 철저히 완수하자.

목표
- 언제나 '늘릴 때는 두 배, 줄일 때는 절반으로'
- 세계인의 공감을 한데 모아 세계 최고의 고수익 기업을 지향하자.

양품계획 홈페이지에서

일본인의 자연관에서 출발한 브랜드

MUJI는 원래 종합 슈퍼마켓 체인인 세이유(현재는 월마트 산하)의 한 프로젝트로 출발했다. 그리고 그로부터 한참 뒤인 1988년에 『상표 없는 책(無印の本)』이 출간되었다(유감스럽게도 지금은 절판되었다).

이 책을 만든 주체는 '무인양품'이라는 브랜드 콘셉트 개발에 참여한 사람들이었다. 당시 아트 디렉터였던 다나카 잇코(田中一光)를 중심으로, 지금도 양품계획 고문단의 일원이자 '생활 양품 연구소'의 소장으로 활약하는 고이케 가즈코(小池一子) 등이 편집을 맡았다.

이 책에는 지식인, 문화인들의 다양한 해설이 '자연스럽게', '무명으로', '심플하게', '글로벌하게'라는 테마에 따라 정리되어 있다. 전 세계의 자연, 생활, 주거, 도구, 의류, 음식을 찍은 사진들도 실려 있다.

이 책은 MUJI의 상품을 소개한 책이 아니라서 MUJI에 관한 직접적 언급은 전혀 하지 않는다. 대신 MUJI의 콘셉트 그 자체를 전달한다. MUJI의 상품 개발자는 존재하지 않는 매뉴얼 대

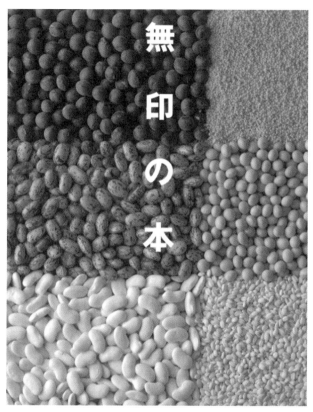

無印の本

-「상표 없는 책」

신 MUJI의 사상을 전달하는 이 책을 교과서처럼 활용한다.

개발자들은 상품 개발을 하다 고민이 생겼을 때 이 책을 훑어본다. 그러면 거기 담긴 세계관이 힌트를 준다. 이 책은 그런 존재다.

'자연스럽게', '무명으로', '심플하게', '글로벌하게'는 지금도 MUJI의 근간을 이루는 사고방식이다.

MUJI의 브랜드 콘셉트는 형식지(形式知)가 아닌 암묵지(暗默知)로서, 복식 잡화, 생활 잡화, 식품 등 다양한 분야를 한 방향으로 향하게 만드는 힘을 발휘한다. 분야별 상품 개발자의 머릿속에 존재하는 MUJI의 브랜드 콘셉트는 말로는 명확히 규정할 수 없다. 다만 다양한 전문 분야의 지식인들이 고문단으로 모여 'MUJI란 무엇인가?'를 지속적으로 토론하며 이미지를 다듬어나가고 있을 뿐이다.

MUJI의 상품은 시대에 따라 달라질 테지만, '바뀌지 않는 부분'을 대대로 계승하기 위해서는 흔들리지 않는 방향성이 있어야 한다. 그것이 바로 '자연스럽게', '무명으로', '심플하게', '글로벌하게'다.

여기서 『상표 없는 책』의 내용을 간략하게 소개하고 싶다.

처음에는 서문 역할을 하는 첫 번째 장 '일본인의 자연관'이 등장한다. 교토 대학교 명예교수 다타 미치타로(多田道太郎)가 쓴 글이다. 그 뒤에 '자연스럽게', '무명으로', '심플하게', '글로벌하게'를 표현하는 네 개의 장이 이어진다. 각각의 장을 소개해 보겠다.

먼저 자연이 있었다. 우러러보이는 산, 바닥 모를 심연을 간직한 바다. 먼 자연은 거대한 존재에 대한 경외감과 신앙을 낳았으며, 가까운 자연은 생활 그 자체였다. 음식이든 옷이든 사는 곳이든, 사람의 모든 삶은 자연과의 관계에서 시작되었다.

생활과 디자인의 원점으로 돌아가려 할 때, 우리는 흡사 고대인이 자연을 처음 보았을 때와 같은 눈으로 자연을 다시 바라보는 자신을 발견한다. 문양, 색채, 형태 등을 다시 살피다 보면 식물, 동물, 광물마저도 각각 무한한 정체성을 체현해 냄을 알 수 있다. 그 다양성이 인간의 아름다움과 창조의 다양성을 불러일으키고, 현대인의 도시 생활에 공예, 예술, 산업, 디자인의 풍성한 변화를 가져다준다.

「동물 문양」, 히타카 도시타카(日高敏隆)

「무명 원피스」, 기사누키 구니코(木佐貫邦子)

「산누에나방 대량 사육의 꿈」, 오쿠모토 다이사부로(奧本大三郞)

「채식주의자의 선택」, 쓰루타 시즈카(鶴田静)

「연어, 효자 물고기」, 다카하시 오사무(高橋治)

－「상표 없는 책」 ❶

이 '자연스럽게'에는 얼룩말, 반짝이는 물방울이 매달린 나뭇가지, 화려한 열대어, 물총새를 스케치한 그림, 다양한 색의 낙엽, 메추리알의 무늬 등이 찍힌 사진이 실려 있다.

또한 동물의 원모(原毛), 목화밭, 인도의 재활용 방식, 건어물과 국물 재료에 대한 글도 있다.

이 장과 관련하여 만들어진 MUJI의 상품으로는 원모 색상의 모직, 알파카 의류, 인테리어 직물 등이 있다. 원래는 알록달록한 색이었던 터키의 킬림(kilim, 전통 문양의 양탄자)을 MUJI답게 바꿔 원모 색상만으로 문양을 낸 상품도 있다. 지금은 천연색을 활용한 상품이 다른 브랜드에도 흔하지만 MUJI는 1980년대부터 그런 상품을 만들어왔다.

MUJI 상품의 매력으로 꼽히는 천연색은 상품 개발의 원칙 중 하나인 '공정 개선'의 결과물이기도 하다. 착색 공정을 생략함으로써 가격을 낮추는 동시에 자연의 색으로 매력을 더한 것이다.

MUJI는 면직물 분야에서도 유기농 순면의 사용량을 점차 늘리고 있다(제5장 참조).

무명으로

누가, 언제 이런 형태를 만들었을까? 아무도 모르는 새 만들어져 쓰이고 사랑받아 온 그릇과 도구들. 그것들은 사용되는 동안 사람에게 길들여져 더욱 편리하고 멋있어진다. 소위 '민예(民藝)'의 결과물이기도 하고 현대의 가장 진보적인 산업 디자인의 작품이기도 한 무명의 물건들. 동쪽 세계든 서쪽 세계든 상관없이 무명성이 절실해지는 것은 세상 한편에서 그 반대의 상황이 벌어지고 있기 때문이다. 뒤얽힌 유통 구조 속에서 물건의 '물건 이탈'이 시작된 것이다. 부가가치가 독주한 탓에 물건이 본래의 가치를 이탈한다고 말해야 할지도 모르겠다. 이름이나 기호 없이, 만드는 일 자체에 대한 열정만을 뿜어내는 무명의 디자인을 조감해 본다.

「녹회색에 관하여」, 노구치 다케히코(野口武彦)

「무명 디자인」, 야나기 소리(柳宗理)

「마을에서 밥공기를 재발견하다」, 아키오카 요시오(秋岡芳夫)

「에도의 무명성」, 다나카 유코(田中優子)

「타탄체크」, 마쓰모토 도시코(松本敏子)

-「상표 없는 책」❷

'무명으로'에는 아프리카의 목제 침대, 요리사가 애용하는 냄비들, 모모야마텐만구(桃山天満宮)의 건축에 쓰인 톱 6개, 구루메(久留米)산 무명천에 깃든 솜씨, 쪽 염색의 문양, 단바(丹波) 시의 베틀 돌리는 풍경, 전승된 명주 조각을 여럿 이어 붙인 견본첩, 일용잡화의 '쓸모의 아름다움'을 드러내는 다양한 사기 주전자와 찻잔 등이 소개되어 있다. 그 외에 목제 밥공기를 만드는 현장, 에도시대 소방관이 전통 작업복을 입은 모습, 인도의 구두 장인과 벨기에 유리 장인이 일하는 풍경 등도 실려 있다. 개척기 시절 미국에서 쓰였던 나무통, 타탄 체크 무늬 옷을 입은 아저씨들, 폐쇄된 풍차, 패치워크 문양 등도 볼 수 있다.

저자는 이 사진들을 통해 잘 알려진 예술가가 아닌 무명의 장인들이 만들어낸 일용품의 아름다움을 보여주려 했다. 유명인이 디자인하지 않아도 전통 문양과 패치워크의 디자인은 충분히 아름답다.

MUJI는 명주의 문양, 체크를 비롯한 전통적 문양, 전통 기술을 소중히 여긴다. 그래서 새로운 패턴을 자꾸 만들어내지 않고 전통적인 마드라스 체크와 타탄 체크 등을 주로 사용한다.

또 요리사가 애용하는 냄비의 사진이 실려 있는데, 현재 MUJI 역시 전문가용으로 만들어진 본격적인 작업 도구를 판매하고 있다. 튼튼하고 편리한 형태로 특화된 전문가용 도구는 매우 MUJI다운 상품이다.

MUJI는 또한 업무용 소재로 일반용 상품을 만들기도 한다. 낙하산에 쓰이는 가볍고 튼튼한 원단을 사용한 여행 가방 등이 대표적이다. 이 가방은 가볍고 잘 구겨지지 않는 데다 조그맣게 접을 수 있어서 매우 편리하다.

심플하게

장식이 없다, 순수하다, 소박하다, 천진난만하다, 간소하다. 이미 일본어로 자리 잡은 '심플'이라는 외래어에는 이처럼 다양한 의미가 담겨 있다. '심플'의 반대말은

'젠틀'. 즉 심플함은 지체 높은 귀족의 젠틀함에 대비되는 평민의 미학이다. 일본 현대인의 생활 감각 대부분을 낳은 에도시대는 그야말로 시민 문화가 확립된 시대였다. 거주 공간, 라이프스타일에 대해 '소재 자체의 사치'라고 할 만한 감각을 길러냈던 그 시대의 선인들. 그 감각은 19세기 이후 동서 교류의 물결을 타고 이곳을 찾아와 심플함이야말로 일본의 미학이라며 감탄했던 서구 창작자들의 작품에도 깊은 영향을 미쳤다. 그래서 우리가 세계의 이곳저곳에서 탄생한 비주얼 디자인에서도 동일한 심플함의 아름다움을 발견하고 공감할 수 있는 것이다.

「심플」, 코린 브레(Corinne Bret)

「심플한 디자인에 관하여」, 가시와기 히로시(柏木博)

「목제 요리 도구」, 하야시 노리코(林のり子)

「포도주 냉장고의 향미」, 야부키 노부히코(矢吹申彦)

「테니스 웨어」, 야마구치 마사오(山口昌男)

「보자기와 한약」, 다나카 잇코(田中一光)

「탕파 예찬」, 요시미즈 쓰네오(由水常雄)

「종이옷 한 장」, 고이케 가즈코(小池一子)

「클립의 샘」, 요시자와 미카(吉澤美香)

'심플하게'에는 일본의 전통 건축 기법인 아제쿠라즈쿠리(校倉造), 석정(石庭), 일본 가옥의 툇마루, 다다미(畳)와 후스마(襖, 맹장지)를 활용한 일본 가옥의 자유로운 구조, 화지(和紙)를 이용한 이사무 노구치(イサムノグチ)의 등불 아카리(AKARI), 되, 청죽(青竹)으로 만든 긴 젓가락, 천연 소재로 만든 청소 도구, 심플한 디자인의 의자, 무늬 없는 흰 접시 등의 사진이 실려 있다. 일본 전통 건축에는 MUJI의 심플함과 일맥상통하는 요소가 많다.

'심플함'은 MUJI의 상품을 디자인할 때 가장 우선되는 원칙이다. 그리고 다다미와 후스마 등의 조합을 통해 공간을 심플하게 자유자재로 만들어내는 일본 가옥의 아름다움은 MUJI의 상품 기획에도 영향을 크게 미쳤다. 그 결과 MUJI는 모듈을 활용한 수납 용품 등을 개발했다. MUJI의 집 역시 철골구조를 채택하여 거주자의 라이프스타일에 따라 공간을 자유자재로 구분할 수 있도록 되어 있다.

행동하는 사람, 만드는 사람, 즐기며 사는 사람이야말로 지구의 진정한 매력과 광대함을 실감하는 사람이다. 음식의 소재에 집착하는 미식가는 새로운 맛을 찾아내고, 의복의 소재에 집착하는 사람은 이국적인 동물을 만나며, 오지로 떠난 사람은 원시 예술의 강렬한 아름다움을 발견할 것이다. 우리는 '동시대 감각'이 곧 '동시대 간격'임을 알고(일본어로 '감각'과 '간격'은 똑같이 발음됨 – 역주) 세계의 다양한 정보를 흡수하려 한다. 게다가 우리는 단순히 미디어에 오르내리는 정보뿐만 아니라 운송 수단을 타고 실제로 이동하는 물자를 정보로서 신뢰한다. 지구상의 한 지점에서 다른 지점으로 물자가 이동해야만, 원시의 조각(彫刻)을 보고 영감이 번뜩이는 찰나의 기쁨을 도시의 생활공간에서도 느낄 수 있기 때문이다. 거기에서 새로운 사랑과 아름다움이 탄생한다.

「드러난 지구」, 벳차쿠 미노루(別役実)

「밀의 여행」, 다마무라 도요오(玉村豊男)

「경계의 지성체(知性体)」, 나카자와 신이치(中沢新一)

– 「상표 없는 책」 ❸

'글로벌하게'에는 노란 옷을 입은 태국의 수행승, 향신료가 산더미처럼 쌓인 인도의 시장, 태국의 수상시장, 홍콩의 얌차(飮茶) 요리, 세계의 빵, 아프리카의 나무 사다리, 아프가니스탄의 천막집 파오, 셰이커 교도의 가구, 자전거가 가득한 중국의 풍경 등 세계 각국의 일상과 일용품이 찍힌 사진이 실려 있다.

MUJI는 일본뿐만 아니라 전 세계의 일상을 꼼꼼히 보고 배우며 상품을 만든다. 가령 더운 나라에는 시원하게 지내기 위한 물건들이 이것저것 있기 마련이므로, 거기서 들여온 여름 소재 원단(면과 마)을 소개하거나 그곳의 디자인을 도입하여 상품화하는 것이다. 물론 추운 나라에서 배우기도 한다. MUJI의 개발자들은 세계의 일상생활에서 배운 것을 현재 우리의 생활에 자연스럽게 적용하려고 노력한다.

원래 해외에서 가져온 물건을 일본 시장에 맞게 개량하여 일본인 생활자에게 공급했지만, 지금은 세계에서 배운 것을 상품화하여 세계로 판매하는 시대다.

그러므로 '글로벌하게' 만들어진 독특한 상품을 전 세계 사람에게 공급하는 것이 현재 MUJI의 목표다.

'쓸모의 아름다움'을 중시한다

MUJI의 탄생 배경에는 '민예 운동'이라는 사회 운동도 있었다. 이것은 야나기 무네요시(柳宗悦)의 주도 하에 1920대에 일어났으며, 일상생활에서 쓰이는 일용품에서 '쓸모의 아름다움'을 찾아내서 적극적으로 활용하려는 운동이었다. 다시 말해 지역마다 존재하는 전통 일용품과 수제 도구처럼, 고명한 예술가가 만든 예술품이 아닌 무명의 일용품에서 찾아낸 아름다움을 소중히 여기자는 운동이다. 도쿄 메구로(目黒) 구의 '일본 민예관'[17]과 오사카(大阪) 부 만국박람회 기념관 내의 '오사카 일본 민예관', 도치기(栃木) 현 마시코(益子) 정의 '마시코 참고관(参考館)'[18] 등 전국 각지의 민예관에는 예로부터 전승된 무명의 일용품, 즉 민예품이 다수 보관·전시되어 있다.

이처럼 손으로 만든 일용품 중에는 오랫동안 쓰이면서 디자인이 점점 더 편리하게 개량된 듯 보이는 것이 많다. 사람의 손때가 묻은 물건에는 그 세월만큼 다듬어진 아름다움이 있다. 일상적으로 쓰이고 개량되면서 이상적인 형태를 갖추어

나갔기 때문일 것이다. 또 세월을 거치며 '정취'를 머금게 된 도구도 있다.

MUJI의 상품은 일용품의 무명성을 고수하면서도 현대 생활에 적합한 편리성을 추구한다는 점에서 현대의 민예품이라고 할 수 있다.

민예관의 전시품을 둘러보면 세계 구석구석에 '쓸모의 아름다움'을 드러내는 도구가 존재한다는 것을 알 수 있다. 그 지역의 문화와 기후, 생활 습관에 따라 하나하나 만들어진 도구들이다. '쓸모의 아름다움'을 중시하는 사고방식은 일본뿐만 아니라 전 세계에 공통되었던 모양이다.

앞으로 제5장과 제6장에서 소개할 'Found MUJI' 시리즈의 상품들도 기본적으로는 각지의 전통에 바탕을 두고 있다. MUJI는 수제품의 섬세한 솜씨를 존중하며 현대의 민예 운동을 꾸준히 이어가려 한다. 다만 모든 도구를 직접 만들고 그중 편리한 것을 오래 썼던 옛날 사람들과 달리, 지금의 MUJI는 공업화할 수 있는 부분은 공업화하면서 누구나 적정한 가격에 구매할 수 있는 일용품을 만들어낸다.

이 점을 가나이 회장은 다음과 같이 설명했다.

'일상의 미학'을 실현시키려면 평소에 '보는 눈'을 길러야 합니다. 이 능력을 기르려면 첫째, 호기심과 흥미를 갖고 아름다운 자연과 미술품, 생산품을 다방면에서 관찰해야 합니다. 둘째, 그 아름다운 생활상을 자신의 생활에 도입하여 실천해야 합니다.

평소의 마음가짐이 제대로 잡혀 있어야 '쓸모의 아름다움'을 보는 안목을 기를 수 있다는 이야기다.

MUJI는 대체로 '일상의 미학'을 지향하며, 눈에 띄지 않으면서 존재 자체에서 아름다움을 풍기는 물건을 만들고자 한다. 주변 공간에 위화감을 일으키지 않는 디자인이야말로 MUJI가 추구하는 '심플함'의 핵심이다.

생활 잡화부 기획 디자인실의 야노 나오코(矢野直子) 실장은 특히 해외 고객들이 'Found MUJI' 전시회에 대해 좋은 반응을 보인다고 말한다. 고객들은 중국 등지의 오래된 일용품이 전시된 장면을 보고 '최신 기술을 도입한 물건이 더 멋지다'라는 기존 가치관이 무너지는 듯한 충격을 느낀다'고 한다. 그리고 자신들의 전통과 오래된 물건을 '재발견'하는 '자부심'을 느낀다고 한다.

이처럼 현대의 민예 운동을 세계에 퍼뜨리는 것도 MUJI의 사명 중 하나다.

'텅 빈 상자'라서 자유롭다

외국인들은 MUJI를 일본 문화 및 일본 전통의 미의식과 결부하여 이야기할 때가 많다.

양품계획의 마쓰자키 사토루(松崎曉) 사장도 '해외 소비자는 무인양품 상품을 군더더기가 없고 일본적인 와비사비를 풍기는 물건으로 받아들인다'라고 말했다.[19] 여기서 말하는 '와비사비(わびさび, 와쥐, 정취)'란 다도에서 발달된 정신이다.

가나이 회장 역시 같은 취지의 말을 했다.

세계로 진출하는 지금도 무인양품의 콘셉트가 여전히 강력함을 실감합니다. 일본 시장에서 해외로 진출할 때 무인양품이라는 콘셉트 안에 일본적인 문화, 사상, 정신을 포함시키면 그 콘셉트가 더 강해진다는 것도 알게 되었습니다.[20]

선(禪)이나 다도(茶道)에 관한 책을 읽다 보면 다도가 MUJI와 비슷하다는 사실을 깨닫는다. 아마 MUJI의 콘셉트를 만들고 MUJI 브랜드를 탄생시킨 다나카 잇코가 다도에도 정통했기 때문일 것이다. 그가 선, 다도로 대표되는 일본식 정서를 MUJI의 콘셉트에 흡수시킨 것이다.

오카쿠라 덴신(岡倉天心)은 자신의 저서 『차 이야기』(기파랑, 2012)에서 '다실(茶室)은 텅 빈 그릇이며 거기에 무엇을 넣어 완성하느냐 하는 것이 그 본질이다'라고 말했다. 또 '다도란 초대된 손님과 함께 차에 대한 경험을 완성시키는 과정이다'라고도 말했다.

나는 이 문장을 읽자마자 '이건 MUJI와 비슷하다'는 생각을 했다. 다도와 MUJI에는 '자유로움'이라는 공통점이 있다.

텅 빈 상자처럼 자유로운 상품을 만들어 사용자가 나름의 라이프스타일을 완성하도록 하는 MUJI의 방식은 다도의 정신과 정확히 일치한다. 심플한 디자인과 다양한 사이즈를 구비한 모듈식 수납 용품을 보면 알 수 있듯, MUJI의 상품은 매우 다양한 방식으로 편리하게 사용할 수 있다.

오카쿠라 덴신은 다실을 '텅 빈 상자'로 표현했고 양품계획의 고문인 하라 켄야(原研哉)는 MUJI를 '텅 빔(emptiness)'으로 표현했다.[21] 하라가 기획한 2005년도 양품계획의 기업 광고에는 긴카쿠지(銀閣寺)의 다실 안에 MUJI의 밥공기가 덩그러니 놓여 있는 사진이 사용되었다. 이 사진은 이탈리아 밀라노의 1호점 벽에도 붙어 있다. 이처럼 해외 점포에서는 MUJI 브랜드의 이미지를 호소하는 데에 다도 및 선(禪)의 이미지를 활용한다. 그러면 고객은 다도의 '고요한(靜)' 이미지를 MUJI의 상품에 대입한다.

다도는 선(禪) 사상에서 생겨난 독특한 행위다. 오카쿠라 덴신의 『차 이야기』 제3장 '도교와 선도'에는 중국의 철학인 노장사상이 도교로 계승되었고, 그것이 다시 선으로 이어져 다도를 탄생시켰다는 이야기가 등장한다.

선과 다도는 둘 다 사물을 단순화한다. 최대한 단순화하고 생략한 뒤에 남는 것이야말로 본질이며 미덕이라고 믿기 때문이다. 또 선과 다도는 자연과의 친화를 중시한다. 이런 철학은 무인양품의 상품 개발 철학과도 유사하다.

『차 이야기』를 해설한 오쿠보 다카키(大久保喬樹)에 따르면, 오카쿠라 덴신은 다도에 일본 문화 및 동양 전통 문명의 정신이 응축되어 있다고 믿었으며 책을 통해 그 세계관을 전파하려 했다고 한다.

이 책에는 동양의 회화 및 수묵화의 '여백'에 관한 설명도 나와 있다. 여백은 감상자가 창작자와 함께 예술을 완성할 가능성을 내포한 공간이다. 예술가의 자기표현이 곧 예술이라고 여기는 서양식 철학과는 그야말로 정반대되는 개념이다.[22]

MUJI의 콘셉트는 동양의 회화 철학과도 상통한다. 여백을

남겼을 뿐만 아니라 여분의 장식까지 없앤 MUJI의 상품은 고객이 자유자재로 배치할 수 있는 가능성이 아주 높다.

MUJI는 그 철학의 연장선상에서 고객 참여형 상품 개발[23]을 적극적으로 추진하며 고객과의 대화를 활발히 이어나가고 있다. MUJI의 매장에는 가방이나 노트에 스탬프를 찍어 세상에 하나뿐인 자신만의 상품을 완성시키는 코너가 있는데, 이 역시 MUJI가 그처럼 자유로운 브랜드임을 알리고 체험시키기 위한 도구다. MUJI의 상품은 고객이 자신만의 생각을 더할 때 비로소 완성된다고 말해도 좋을 것이다.

선 사상과 MUJI의 이미지

MUJI는 최근 들어 다도의 원류인 선(禪) 사상과 함께 자주 언급된다. 그래서 양품계획의 마쓰자키 사토루 사장도 "최근 MUJI는 '선'의 이미지와 한데 얽혀 평가받고 있다"라고 말했다.[24] 현재 선 사상은 서양에서 조용한 선풍을 일으키고 있으며, 이에 서양 고객들은 선(ZEN) 사상을 생활 속에 체현하는 브랜드로서 MUJI를 이해하고 있다.

그러므로 여기서는 스티브 잡스도 읽었다는 스즈키 다이세쓰(鈴木大拙)의 저서 『선과 일본 문화(禅と日本文化)』[25]를 참고삼아 서양에서 바라본 선을 이야기하려 한다.

과연 선이란 무엇일까? 선은 불교의 한 형태로 6세기 인도에서 생겨나 8세기 중국 당(唐)나라에서 발달한 사상이다. 교의는 대승 불교의 일반 교의와 비슷하다.

선은 '실체'를 무엇보다 중시한다. 따라서 선의 수련에서는 몸으로 체험하는 일에 가치를 둔다. 즉 선은 체험적인 사상이므로 생생한 현장을 경험하고 스승을 관찰하며 습득하여야 한다. 이런 수련법은 일본의 전통적 학습법과도 일치한다. '배우지 말고 익혀라', '스승의 등을 보고 기술을 훔쳐라'라는 말이 생겨난 것도 선의 수련법이 일본인의 생활에 영향을 미쳤기 때문일 것이다. 선은 실질적인 사상이다.

또한 선의 최고 경지는 보고 듣고 이해한 지식(제1의 지식)이나 과학적 원인과 결과가 있는 지식(제2의 지식)이 아닌, 직관적으로 깨우친 지식(제3의 지식)으로만 도달할 수 있다. 제1과 제2의 지식에는 한계가 있지만 제3의 지식은 자기 존재의 깊은 곳에서 우러나오므로 한계가 없다. 선은 이 제3의 지식을 일깨우려 한다.

그런 깨달음을 얻기 위한 수련법이 바로 '좌선(坐禪)'이다. 좌선은 선종 계열의 사찰에서 체험해 본 사람이라면 알 텐데, 고요하게 호흡을 정돈하고 정신을 집중하는 수련법이다.

최근 들어 과학적 근거가 알려지면서, 이와 같이 호흡을 정돈하고 정신을 집중하는 명상법이 서양 사회에 급속히 확대되고 있다. 일례로 미국의 심리학자인 켈리 맥고니걸(Kelly McGonigal)[26]은 호흡에 집중하는 명상의 방법을 다음과 같이 소개했다.

① 움직이지 않고 가만히 앉는다. ② 호흡에 의식을 집중한다. ③ 호흡할 때 자신의 감각이 어떻게 변화하는지 관찰하고 마음이 어

떻게 흐트러지는지 살핀다.

맥고니걸은 이 명상을 매일 5분간 계속하면 뇌가 단련되고 의지력이 강해진다고 주장한다. 또 스트레스가 줄어들고 마음을 어지럽히는 내적 요인(욕구, 걱정, 욕망) 및 외적 유혹(들리는 소리, 보이는 것, 냄새)에 흔들리지 않게 된다고 한다. 그런데 이 명상법은 호흡을 정돈하고 의식을 집중하는 좌선의 수련법과 매우 비슷하다.

이처럼 좌선(명상)의 효과가 과학적으로 연구되기 시작했으며, 비즈니스 영역에서 좌선에 대한 관심 또한 높아지고 있다. 구글, 페이스북 등 실리콘밸리의 기업에서도 좌선, 명상을 도입하여 기업의 생산성을 올리려 한다. 좌선과 명상은 이제 혁신적인 아이디어를 낳는 하나의 도구로 여겨지고 있다.[27]

물론 이질적 문화에 대한 동경, 동양에 대한 흥미도 그러한 선풍에 영향을 미쳤을 것이다. 선의 본질에 대해서는 전혀 모르지만 단순히 새로운 문화의 신선함에 끌려서 ZEN을 선호하는 사람도 많을 것이다.

그래도 'I feel very ZEN today, quite peaceful and content(오늘은 '선'적인 기분이야, 온화하고 만족스러워)'라는 식으로 ZEN이라는 단어가 영어 회화에 아무렇지 않게 쓰이게 되었을 정도니, 이제 선은 세계적인 사상이 된 듯하다.

CHAPTER 4

정반대로 행동한다

기존의 상식을 부인하는 '안티테제'

정론의 반대를 실천한다

MUJI의 매력 중 하나는 '안티테제'다. MUJI는 창업 당시부터 소위 왕도로 불리는 이론에 반대되는 안티테제를 거듭 택함으로써 모방하기 어려운 브랜드로 자리 잡는 데 성공했다.

MUJI는 처음부터 시대에 대한 안티테제로 출발했다. 브랜드를 부정한 '노 브랜드(No Brand)'라는 발상이 출발점이 된 것이다.

MUJI가 탄생한 1980년은 거품 경제를 향해 달려가는 소비 사회의 절정기였다. 세상은 개성 있는 디자인과 패턴, 유명 브랜드의 '상표'를 단 상품으로 가득했다.

그런 와중에 MUJI는 브랜드의 '상표'에 의존하지 않고 '상품 자체'의 장점을 호소한 상품들의 집합체로서 탄생했다. 그것은 당시 소비문화에 대한 신선한 '안티테제'였다. MUJI는 상품 자체를 호소하기 위해 소비자에게 더욱 편리한 디자인과 합리적인 가격을 제시했다.

당시 MUJI는 '이유 있게 싸다'라는 구호 아래, 상품을 싸게 만들 수 있었던 이유를 일일이 태그에 기재했다. 그 이유는 대부분의 경우, 상품의 본질은 그대로 유지하면서 주변 부분(여분의 포장, 외관을 꾸미는 공정)을 생략했기 때문이었다.

MUJI는 원래 세이유의 프라이빗브랜드(PB)였다. 당시는 제1차 PB 선풍이 일어나 다른 대형 슈퍼 체인들도 앞다투어 PB를 만들던 때였다. 그러나 PB를 넘어서서 사업을 더 크게 성장시킨 브랜드는 MUJI뿐이었다.

그것은 잠시의 인기에 만족하기보다 시대를 초월한 소비자 욕구의 본질을 담아내는 데 집중한 MUJI의 콘셉트 덕분이었다. 그리고 MUJI는 '느낌 좋을 만큼'의 가치를 실현하는 기업으로서, 일본뿐만 아니라 해외에서도 연령과 문화를 뛰어넘어 모든 사람의 본질적인 욕구를 충족시키려고 노력해 왔다.

그런 역사 때문인지, MUJI는 일반적인 브랜드나 기업과는 다른 선택지를 고를 때가 많았다. 정론을 따른다면 성공 확률은 높아질지 몰라도 다른 기업들도 똑같은 길을 따를 테니, 하나의 욕구를 겨냥한 비슷한 상품과 서비스가 넘쳐나 격심한 가격 경쟁이 벌어질 것이다. 한편 정론과 반대되는 안티테제를 선택한다면 실패할 위험은 따를지 몰라도 독자적 노선을 선택함으로써 타사와의 차이점을 드러낼 수 있다.

이리하여 MUJI가 지금까지 선택한 수많은 안티테제는 현재 MUJI의 고유한 매력과 모방하기 어려운 브랜드 이미지의 토대가 되었다.

매장에는 브랜드가 있지만 상품에는 브랜드가 없다

MUJI는 해외에서 '상표 없는' 브랜드로 통한다. 무인양품이라는 브랜드 이름 그대로, '상표 없는 브랜드'인 것이다.

MUJI는 상품에 브랜드 이름을 붙이지 않는다. 매장에는 '무인양품', 'MUJI'라는 브랜드명이 표시되어 있지만 상품에는 브랜드명이 없어야만 아름답다고 생각하기 때문이다.

따라서 기본적으로 상품에 브랜드 이름이 인쇄되거나 수놓이는 일은 없다. 상품의 태그에 붙어 있는 브랜드 표식도 떼어낼 수 있게 되어 있다. 브랜드 표식이 붙은 상품 태그는 MUJI 브랜드의 정체성을 나타내기 위해 존재하기는 하지만, 표식을 떼어내기만 하면 상품을 금세 무명으로 되돌릴 수 있다.

상품 본체에 인쇄를 할 수밖에 없는 화장품 등의 경우, 뒷면에 상품 설명과 브랜드 스티커를 부착하는 방식을 채택하여 소비자가 상품을 사용할 때 브랜드 이름이 전면에 드러나지 않도록 했다.

상품 = 브랜드 + 제품

브랜드는 상표를 붙여 다른 상품과 자사의 상품을 '구별'하거나 그 상품을 '보증'하는 등의 역할을 한다. 소비자는 브랜드의 '상표'를 보고 상품의 품질을 신뢰하기도 하고 그것을 타인에게 보여주며 자기 과시욕을 충족하기도 한다. 그 브랜드의 상품을 소유함으로써 자신과 브랜드의 연계성, 정체성을 드러내는 것이다.

브랜드를 더 잘 이해하기 위해서는 다음 도표에서처럼 상품을 구성하는 요소를 '제품'과 '브랜드'로 구분해 보아야 한다. 여기서 제품은 '기능적 역할', 브랜드는 '정서적 역할'을 한다. 브랜드는 어디까지나 제품의 가치를 정서적으로 표현하는 존재다.

MUJI를 여기 대입해 보면, MUJI는 기능적인 가치를 중시하므로 주변적, 정서적 가치는 소위 여타 브랜드에 비해 소박하다. MUJI는 쓸데없는 포장이나 장식을 하지 않으며 지나친 광고로 브랜드 이미지를 연출하지도 않는다.

즉 MUJI는 브랜드라는 주변적 가치가 아닌 제품 자체의 본질적 가치로 선택받으려 한다. 물론 MUJI 역시 상품뿐만 아니라 점포 환경과 고객과의 소통 등 정보 교환을 통해 브랜드 이미지를 만들어낸다. 그래도 다른 수많은 브랜드에 비하면 제품의 요소가 우세하고 주변적 브랜드의 요소가 상대적으로 열세라고 할 수 있다.

상품을 구성하는 제품과 브랜드

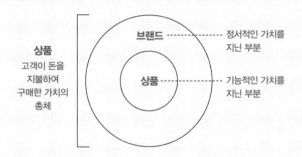

브랜드 --------- 정서적인 가치를 지닌 부분

상품
고객이 돈을 지불하여 구매한 가치의 총체

상품 --------- 기능적인 가치를 지닌 부분

『일러스트로 이해하는 브랜드 전략(イラストで理解するブランド戦略)』, 나가사키 히데토시(長崎秀俊), 三弥井書店(미야이쇼텐), 2016

디자인하지 않는 디자이너

MUJI의 태그에는 상품명 등 기본 정보뿐만 아니라 상품을 선택해야 할 '이유'가 기재되어 있다. 엄선된 소재, 만들어진 배경, 사용법 아이디어 등등.

그런데 MUJI가 굳이 가르쳐주지 않는 정보가 있다. 바로 디자이너의 이름이다.

MUJI 상품은 디자인한 사람을 밝히지 않는다. 여기에는 상품에 브랜드 이름을 붙이지 않는 것과 같은 의미가 있다. 고객이 '그 브랜드라서 구매하는' 일을 방지하기 위해서다. MUJI는 브랜드명과 디자이너명이 아닌 상품의 본질적 편의성으로 선택받는 것을 좋아한다.

물론 유명한 디자이너가 디자인한 상품은 예외일 때도 있다. 유명 디자이너가 잡지 인터뷰에서 MUJI의 상품을 디자인했다고 밝히거나 자신의 홈페이지에 스스로 디자인한 상품을 소개하면, 알 만한 사람은 그 상품이 누구의 디자인인지 다 알게 된다.

그래도 MUJI는 무명성이 기본 콘셉트이므로 디자이너의 이름을 상품 설명 등에 기재하지 않는다. 이런 특징은 MUJI 상품 개발의 기본 방침과도 일치한다. MUJI는 누가 디자인했는지 한눈에 알 수 있는 개성적인 상품이 아닌, 디자인적 개성을 되도록 억누른 심플한 상품을 개발하는 것을 원칙으로 삼고 있다.

이전에 양품계획이 계열사 디자이너를 모집할 때 '디자인하지 않는 디자이너를 모집한다'라고 광고한 적이 있다. 디자이너 개인의 개성을 호소하는 디자인이 아니라, 되도록 보편적인 형태, 보편적인 디자인을 추구하기를 바라는 마음으로 만든 문구다.

'선택과 집중'을 하지 않는다

MUJI의 안티테제는 무명성을 추구할 때에만 적용되는 것은 아니다. MUJI는 경영 전략에서도 정론과는 반대되는 선택을 자주 한다.

MUJI처럼 자사 브랜드의 상품을 스스로 기획하여 판매하는 소매업체(제조 소매업)의 경우 전문 분야를 압축하는 것이 보통이다. 예를 들어 퍼스트리테일링의 유니클로는 의류를 취급하고 니토리는 생활 잡화와 가구를 취급한다. 이처럼 특정한 전문 분야에 특화된 소매업체를, 하나의 상품군을 석권한다는 뜻에서 '카테고리 킬러(Category Killer)'라고 부른다.

이 카테고리 킬러는 경쟁 타사와 차별화한 상품군으로 시장 우위를 차지하려 한다. 이들은 자사의 책임 하에 상품을 판매하므로 너무 폭넓은 구색을 갖추면 관리하기가 복잡해진다. 그뿐만 아니라 제조와 물류에서 규모의 경제를 실현하기 위해서라도 한 분야에 특화된 소품종 대량 생산 전략을 채택하는 회사가 많다.

그러나 MUJI는 다르다. MUJI는 복식 잡화(남성, 여성, 아동),

생활 잡화(가구, 문구, 일용잡화, 인테리어, 패브릭, 화장품), 식품 (간편식, 과자, 음료) 등의 분야를 폭넓게 망라한다. 이만큼 구색이 다양한 제조 소매업은 흔하지 않다. 지금의 MUJI는 심지어 스스로 제안하는 라이프스타일의 연장선상에 맞춰 집을 짓고 캠프장을 운영할 뿐만 아니라 농촌의 벼농사를 돕기까지 한다. 경영 상식으로 여겨지는 '선택과 집중' 전략에 반대하여 다양한 상품군으로 사업을 확장하고 있는 것이다.

그러므로 상품군마다 각각의 경쟁사가 있다. 예를 들어 의류는 유니클로, 생활 잡화 중 가구는 니토리와 이케아, 화장품은 더바디샵, 문구는 로프트와 도큐핸즈, 직물 제품은 니토리와 경쟁한다. 그러나 MUJI와 똑같은 구색을 갖추고 정면으로 대항하는 브랜드는 아직 존재하지 않는다.

새로운 고객층을 창출한다

나는 재직 당시부터 '선택과 집중을 하지 않는' 전략에 의문을 느꼈다. 왜 이렇게까지 상품군을 확대하고 문화와 법규가 제각각인 나라에 진출하는 걸까? 이 점을 가나이 회장에게 직접 물어보았더니 이런 대답이 돌아왔다.

원래는 무인양품의 상품을 모든 사람이 좋아해 주기를 기대하지 않았습니다. 무인양품의 사상을 이해하는 사람은 10명 중 1명 정도, 혹은 그보다 적을지도 모른다고 생각했습니다.

무인양품은 사람들 대부분이 브랜드를 동경하던 1980년대에 태어났습니다. 우리는 그런 시대에 '천연색'을 내놓은 겁니다. 심지어 표백하지 않은 티슈를 리필해서 쓸 수 있게 만들어서 팔기 시작했습니다. 이것은 당시로서는 혁신적일 정도로 새롭고 성숙한 사고방식이었으므로 많은 사람의 이해를 기대할 수 없었습니다.

자사의 상품이 10명 중 1명에게 팔렸다고 하면, 일반적인 회사는 1명이 아닌 20명에게, 그리고 50명에게 상품을 팔 수 있도록 프로모션을 개시할 겁니다. 그러나 무인양품은 자신을 이해해 준 1명의 고객이 추가로 선택할 만한 품목을 새로 도입했습니다. 그러다 보니 점점 많은 품목이 남녀노소, 부자와 서민을 불문하고 무인양품의 사상을 알아주는 고객에게 선택받게 되었습니다.

이것이 MUJI의 상품 구색이 지금처럼 다양해진 이유다. 이것은 또한 공장을 소유하지 않는 제조 소매업이었기 때문에 가능한 비즈니스 모델이었다. 제조를 위탁하여 상품을 조달한 덕분에 구색을 다양화할 수 있었던 것이다. 그래도 다양한 상품에 대한 기술적 지식은 필요했을 테니 자사에서 실시할 부분과 공장과 상사 등 타사에 위탁할 부분을 잘 나누어 목표를 실현한 셈이다.

MUJI의 사상을 이해하는 고객을 위해 품목을 늘린다는 것은 고객의 층을 '라이프스타일 축'으로 나눈다는 뜻이다. 즉 MUJI는 MUJI의 사상에 공감하여 MUJI다운 라이프스타일을 지향하는 고객층을 겨냥해서 구색을 넓혀왔다.

그러나 처음부터 'MUJI의 사상에 공감하는 사람'이라는 고객층이 확실히 존재한 것은 아니다. 마케팅 분석을 통해 고객층을 규정했다기보다 새로운 고객층을 아예 만들어냈다고 해석하는 편이 타당하지 않을까?

당시 1980년대에는 MUJI의 사상을 이해하는 사람이 적었을지 모르지만, 시간이 흐를수록 MUJI가 제안하는 라이프스타일을 이해하는 사람이 점점 많아졌다. 그것도 세계적으로 말이다. 이처럼 MUJI는 자신의 사상을 이해해 주는 고객층을 창조해 왔다.

물론 MUJI의 경쟁사는 상품군별로 존재하며 그들과의 경쟁은 결코 쉽지 않다. 그럼에도 이처럼 폭넓은 상품군을 통해 형성된 MUJI의 라이프스타일과 세계관은 타사가 결코 흉내 낼 수 없는 경쟁 우위의 원천이 되고 있다.

완고한 장인의 자세로

최근 읽은『하버드는 왜 일본 도호쿠에서 배우는가(ハ_バ_ド はなぜ日本の東北で学ぶのか』[야마자키 마유카(山崎繭加) 저, 다케 우치 히로타카(竹内弘高) 감수, 다이아몬드사, 2016)]에는 MUJI의 사상을 떠올리게 하는 일화가 등장한다. 하버드의 학생들이 도호쿠의 부흥에 참여한 기업 경영자의 이야기를 들으며 자신 이 배웠던 것과는 전혀 다른 관점이 있다는 사실에 당황했다 는 것이다.

하버드 비즈니스 스쿨에서는 경쟁에서 이기는 법, 기업의 실적을 신장시키는 법을 매일 배운다. 반면 도호쿠의 부흥에 참여한 경영자는 경쟁에서 이기고 기업을 성장시키는 것보다 지역의 부흥과 활성화를 우선했다. 그리고 지역과 공생하고 지역에 도움을 주는 기업을 만들었다. 그 이야기를 들은 하버 드 학생들은 처음에는 고개를 갸웃거렸다고 한다.

물론 머리 좋은 학생들이라 이야기를 듣는 동안 경영자의 진의를 이해했고, 그 수업은 기업의 사명과 사회적 관점을 깊 이 이해하는 좋은 계기가 되었다고 한다.

MUJI의 사고방식도 성장과 경쟁을 추구하는 방식과는 사뭇 다르다. MUJI는 소비 사회에 대한 안티테제를 가지고 출발한 이래 적정한 생산과 소비의 바람직한 균형을 모색해 왔다.

　물론 MUJI도 기업으로서의 성장을 지향하기는 하지만 끝없이 만들어 파는 일, 게걸스럽게 소비하는 일을 일단 멈추고 '풍요한 생활', '느낌 좋을 만큼'의 가치를 생활자에게 제공하고 있는지 자문하기를 촉구한다. MUJI의 바탕에는 사회에 현명한 소비의 이상형을 제안한다는 사명이 있다.

　양품계획 홈페이지에는 가나이 회장과 하쿠호도 디자인의 사장인 나가이 가즈후미(永井一史)의 대담[28]이 실려 있다. 여기서 가나이 회장은 '일반적인 소매업체는 고객이 원하는 것이라면 무엇이든 팔려고 합니다. 그러나 무인양품은 (중략) 더 나은 삶에 어울리지 않는 물건은 팔지 않습니다'라고 말하기도 했다.

　MUJI의 이런 자세는 소위 완고한 장인의 자세를 떠올리게 한다.

CHAPTER 5

콘셉트로 창조한다

상품 개발의 플랫폼

MUJI의 비즈니스 모델

MUJI는 소매업이지만 기존의 상품을 매입하여 파는 일반 소매업과는 다르다. MUJI에서 판매되는 상품은 MUJI가 독자적으로 기획한 것으로, 기본적으로는 MUJI의 점포에서만 구할 수 있다.

MUJI는 제조사가 아니므로 기술 개발을 통해 제품을 만들어 판매하지 않는다. 그래서 제조업의 핵심인 기술적 R&D(연구 개발) 기능은 약하다. 엄밀히 말해 MUJI에는 기술적 연구 개발 기능이 거의 없다고 해도 무방하다. 대신 MUJI는 타사 및 외부 연구 기관과 연계하여 새로운 기술을 도입한다.[29] 또 이미 존재하는 제품의 기술을 참고하여 그것을 어떻게 이용하면 생활을 더욱 편리하게 만들 수 있을지 궁리한다.

이처럼 소매업은 어디까지나 자사의 기술이 아닌 제조사의 기술에 의존하여 상품을 개발할 수밖에 없다.

대신 소매업은 소비자와 직접 대면하여 생생한 정보를 얻을 수 있다. MUJI도 소비자의 목소리와 시장 동향을 바탕으로 소비자의 욕구를 적확하게 파악해 독자적이고 혁신적인 상품을 발매하는 것을 기본으로 삼고 있다.

　MUJI는 자사 공장을 보유하지 않는다. 상품 제작은 기본적으로 외부 공장에 위탁한 뒤 거기서 생산된 상품 전량을 매입한다. 그리고 MUJI의 상품으로서 점포에서 판매한다. 순수한 제조업도 유통업도 아닌, 소위 '제조 소매업'으로 비즈니스를 하는 것이다.

　이처럼 생산을 외주하고 있지만, MUJI 상품으로 판매하려면 상품의 품질 관리를 철저히 할 책임이 있다. 따라서 '양품 기준'이라는 품질 기준을 두고, 복식, 생활 잡화, 식품 등 어떤 분야의 상품이든 간에 이 기준을 통과한 것만 MUJI의 상품으로 채택한다.

　공장의 관리도 엄격하게 이루어진다. 양품계획의 생산 관리 담당자가 현장에 상주하며 상황을 점검하고 미비한 점이 있으면 개선을 요구한다.

　이처럼 MUJI는 상품의 품질에 대한 자사 기준을 적용할 뿐만 아니라 생산을 위탁한 공장 전체를 철저히 관리하고 있다.

생활자와 생산자를 연결하는 정보 공유 플랫폼

MUJI의 상품을 개발하다 보면 자연스럽게 느는 독특한 기술이 있다. 상품 개발자로서 'MUJI란 무엇인가?'라는, 어떤 의미에서는 철학적인 정의와 개념을 개인적으로 깊이 고민하고 다함께 토론하는 것, 그래서 기획하는 상품 안에 MUJI다움을 실현시키는 것이다. 이것이 MUJI의 조직문화다.

MUJI의 상품 개발자는 '무인양품은 생활자와 생산자를 연결하는 정보 공유 플랫폼'임을 항상 기억하며 업무에 임한다.

생활자란 소비자를 말한다. MUJI는 고객을 소비자라 부르지 않고 '생활자'라 부른다. MUJI는 '소비하는' 사람이 아니라 매일 '생활하는' 사람을 고객으로 여긴다.

생활자는 생활의 지혜, 생활하면서 힘든 점, 행복한 점, 만족스러운 점, 유대감을 느낀 사건, 실제 생활하는 방식 등의 정보를 MUJI에 제공한다. MUJI는 생활자의 집을 방문하여 직접 정보를 얻거나, 매장에서 생활자와 접촉하고 'IDEA PARK'(제6장 참조) 등 인터넷 시스템을 활용함으로써 생활자의 의견을 수집한다. 이렇게 생활자와 상품 개발자는 쌍방향으로 소통한다.

또한 생산자는 생산 기술과 거점 지역에서 나온 생활의 지혜, 안전을 보장하기 위한 방책, 자연 환경에 대한 아이디어, 지역의 현안 과제 등 다양한 정보를 제공한다.

그리고 MUJI는 생산자와 더불어 양심적인 생산을 한다. 양심적인 생산에는 합리적인 생산, 필연적인 설계, 기술 혁신, 진품의 전승 등의 요소가 포함된다.

예컨대 MUJI의 의복과 생활 잡화에 쓰이는 유기농 순면을 생산하는 과정을 살펴보자. 유기농 순면이란 3년 이상 농약이나 화학 비료를 쓰지 않고 유기 비료만으로 재배한 면화로 만든 면을 말한다. 잔류 농약이 없으므로 피부를 자극하지 않아 아기에게도 안전한 면이다.

이런 생산 방식은 생산 농가에도 안전하다. 면을 재배하는 농부는 농약과 화학약품을 많이 쓸수록 손발에 피부병이 생기기 쉽다. MUJI는 이와 같이 유기농 순면이 생산자에게 미치는 혜택까지 뚜렷이 인식한다는 점에서도 다른 기업과 확연히 다르다.

유기농 순면은 아직 안정적인 생산량을 보장할 수 없으므로 패션 회사에서는 이를 프리미엄 소재로 취급하고 있다. 그러나 MUJI는 오래전부터 모든 면제품에 되도록 유기농 순면을 사용하려고 노력해 왔다.

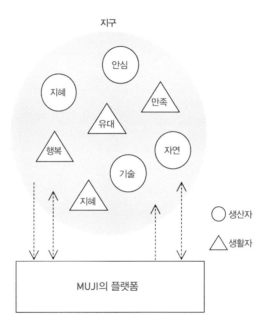

이처럼 자사 및 자사 고객뿐만 아니라 생산자까지 배려하는 것이 MUJI 상품 개발 공정의 기본자세다. MUJI는 2016년 IFC(국제 금융공사) 및 ILO(국제 노동기관)의 공동 사업인 '베터 워크(Better Work)'에도 참여했다. 이는 제품 생산을 위탁받은 동남아시아 공장의 노동 기준 준수 상황을 함께 점검하는 사업이다. MUJI는 이렇게 노동 환경을 감시하는 국제적 활동에 참여하는 등 생산자를 배려하는 활동을 지속하고 있다.[30]

'**MUJI다운 상품**'을 개발하는 과정

MUJI에서는 한 사람이 상품을 기획하지 않는다. 팀을 꾸려 역할을 나눈 뒤 개발을 진행한다.

각 팀의 상품 개발자가 담당하는 품목은 매우 다양하다. 예를 들어 생활 잡화부 안에는 각각 직물, 가구, 가전, 야외 용품, 가정용품, 문구, 미용·건강 용품을 취급하는 팀이 있는데, 팀마다 상품을 기획하는 머천다이저(MD)가 1명 또는 2명이 있다. 이 MD와 사내 디자이너, 그리고 팀장 역할을 하는 매니저가 구체적인 상품 제작에 주로 참여한다. 그들이 판매에 필요한 세세한 지침을 결정하고 상품을 세상에 내보낸다.

그들은 또한 상품의 기획 단계에서부터 어떤 범위(취급 국가, 취급 점포의 수)로, 어떤 기간(판매할 계절, 동시 진행할 프로모션의 시점) 동안, 그리고 어떤 소통 방식을 통해 상품을 판매할지 결정한다. 또 설정한 판매 기간에 팔릴 수량을 예측하고 예산을 세워 생산 지시를 내리며 태그에 넣을 문구를 정하고 진열 선반 위치와 재고 관리 계획을 세운다.

그렇다면 MUJI의 상품 개발은 구체적으로 어떻게 이루어지고 있을까? 그 상세한 과정은 『무인양품 디자인』(미디어샘, 2016)의 '그림으로 보는 무인양품 상품개발 과정'에 소개되어 있으므로 참고하자. 대신 이 책에서는 상품 개발에 깃든 MUJI 특유의 사고방식을 집중적으로 다루려 한다.

앞서 말했다시피, 상품 개발자는 MUJI다움을 실현하기 위해 'MUJI란 무엇인가?'를 배워야 한다. 특히 MUJI의 성립과 지금까지의 역사를 기본적으로 배운다. 그래서 예전의 상품 목록과 『상표 없는 책』, 그리고 지금은 절판된 『세이유 상품기획부』 등을 구해서 읽기도 하고, MUJI를 잘 아는 선배에게 이야기를 들으며 MUJI 안에 오랜 세월 동안 축적된 개발 기법을 배워나가기도 한다.

왜 굳이 오래 전의 개발 수법과 개발 관점을 배우는지 묻는다면, MUJI가 처음 생겨난 1980년대의 초기 상품 중에 MUJI의 브랜드 정체성을 상징하는 상품이 많기 때문이라고 답할 수 있다.

그런가 하면 『상표 없는 책』처럼 직접 설명하는 대신 글과 사진으로 MUJI의 콘셉트를 표현한 책인 『소수시연(素手時然)』(양품계획, 2015)을 통해서도 MUJI의 역사를 배울 수 있다. 이 책은 고문단의 고이케 가즈코와 하라 켄야가 편집했다.

상품 개발자는 MUJI의 역사와 콘셉트를 깊이 이해하고, 그것을 바탕으로 현대 소비자의 생활에 도움이 되는 (그리고 잘 팔리는) 상품을 개발하는 사람이다.

'MUJI다움'이란 솔직히 말해 상당히 모호한 개념이다. 그렇지만 어느 정도 테두리는 잡혀 있어서 막연히 추측할 수 있을 정도의 암묵지다. 암묵지이므로 시대와 사람에 따라 해석이 조금씩 달라지겠지만, 어쨌든 'MUJI다움'은 함께 일하는 동료들 사이에 공유되며 조금씩 흔들리는 가운데 진화하고 있다. 그래서 상품 개발자는 현재의 트렌드도 놓치지 말아야 한다.

MUJI다움을 실현하려면 매출 동향을 파악하는 등 현실에 주목하는 일도 필수적이다. 따라서 개발자는 MUJI의 사상에 관해 철학적 질문을 던질 뿐만 아니라 데이터에 근거한 분석도 반드시 실시해야 한다. 담당하는 상품의 매출 분석 결과를 마케팅 전략에 지속적으로 반영하는 것이다. 뿐만 아니라 담당 상품군의 경쟁사 상품 동향을 파악하여 자사의 호조 상품과 어떤 차이가 있는지 분석하기도 한다. 또 인터넷 게시글과 SNS에서 관련 키워드를 수집해 가며 생활자의 감정을 이해하고 공감하려는 노력을 기울여야 한다. 이것은 다음 장의 '디자인 사고' 부분과도 겹치는 내용이다.

요컨대 상품 개발자는 자사, 경쟁사 상품의 동향, 고객 트렌드를 분석해 가며 상품에 대한 아이디어를 내고 그것을 실현시키는 사람이다.

MUJI를 생각하면 머리가 좋아진다?

내가 MUJI 생활 잡화부에서 상품 개발을 담당하게 되자 한 선배가 이렇게 말했다.

'MUJI를 생각하면 이런저런 관점으로 사고하게 되어서 머리가 좋아질 거야.'

MUJI는 상품도 고객층도 압축하지 않으므로 많은 가능성을 품고 있는 한편, 'MUJI다움'을 실현하기 위한 소재와 장식의 제약도 많다.

그런 가능성과 제약 사이에서 어떤 답을 내느냐가 중요하다. 상품 개발자가 매일 열심히 정보를 수집하면서 그런 성실한 작업을 반복하다 보면 새로운 아이디어, 새로운 구조, 새로운 상품이 태어난다.

아이디어는 아무것도 없는 곳에서 태어나지 않는다. 상품 개발자는 사내·외의 학회에 참여하는 등의 적극적 노력으로 인맥을 만들 필요가 있다. 다행히 그럴 때 MUJI가 폭넓은 품목을 다양한 나라에 전개한다는 점이 큰 도움이 된다.

다품종, 다국적으로 사업을 전개하다 보면 경영이 너무 복잡해진다는 단점도 있지만 한편 다양한 아이디어를 얻을 수 있다는 것이 매우 큰 장점이다.

그렇다면, 이제부터 MUJI의 상품 개발자가 MUJI다움을 실현하기 위해 사용하는 네 가지 관점에 대해 알아보자.

바로, 관계성, 용도, 전통, 라이프 사이클이다.

앞서 소개한 선배가 말한 '다양한 관점'이란 MUJI의 폭넓은 상품 구색을 감안한 말이다. MUJI는 의복, 생활 잡화, 식품을 취급하는 것 외에도 캠프장과 카페를 운영하며 심지어 집까지 판매한다. 이처럼 하나의 상품을 단독으로 생각할 뿐만 아니라 다른 상품과의 관계성을 생각하는 것, 즉 상품들 사이의 시너지 효과를 생각하는 것도 MUJI의 또 하나의 중요한 관점이다.

예를 들어 MUJI의 상품 개발자는 한 가지 상품의 편리함을 생각하는 데 그치지 않고 그것을 다른 상품과 조합함으로써 어떤 라이프스타일을 제안할 수 있을지 항상 고민한다.

MUJI의 수납 가구와 수납 용품을 대표적인 예로 들 수 있다. MUJI는 스테인리스와 목제 등 다양한 소재의 제품을 다양한 사이즈로 취급하고 있으며, 그 선반에 딱 들어맞는 수납 용품도 모듈식으로 상품화해 놓았다. 수납 용품은 용도에 따라 천연 소재와 스테인리스, 폴리프로필렌 등으로 만들어진다. 개발자는 이처럼 상품과 상품의 '관계성'을 생각하여 상품끼리 시너지 효과를 내도록 하는 관점을 반드시 갖추어야 한다.

MUJI는 폭넓은 고객이 이용할 것을 예상하고 심플한 상품을 제안한다. 다시 말해 고객은 MUJI의 상품을 아주 자유롭게 이용할 수 있다. 따라서 같은 상품이라도 사용자를 다양하게 상정할 필요가 있다. 어린아이라면 이 상품을 어떻게 쓸까? 독신 여성이라면, 나이 많은 남성이라면? 이런저런 장면을 상상하며 과연 편리하게 쓰일지 생각해 본다. 용도나 사용자를 한정하지 않고 상품의 용도가 확대될 것을 상정해야 한다.

예전에 판매되었던 '유리그릇'이라는 원통형 용기를 예로 들 수 있다. 이 용기는 음료를 담는 컵도 될 수 있고 꽃을 장식하는 화병도 될 수 있다. 또 연필꽂이로 쓰거나 장식품을 넣어 둘 수도 있다.

그러므로 판매 방식도 거기에 맞추어야 한다. 따라서 상품명에 특정한 용도를 표현한 단어, 즉 '컵'이라는 말을 넣지 않고 그냥 '유리그릇'이라는 말을 넣었다. 사용자가 용도를 정하도록 한 것이다.

상품을 개발할 때는 '전통'에도 관심을 기울여야 한다. MUJI가 도입할 상품이 유래한 지역은 기후와 환경이 어떤지, 그곳의 관습은 상품의 소재나 형태 등과 어떻게 결부되어 있는지를 알아보는 것이다. 어떤 상품에 그런 소재와 디자인이 쓰인 데에는 다 이유가 있다. 해외에서 별 생각 없이 상품을 사 오는 것이 아니라 그 상품에 관련된 역사를 이해하고 그 상품을 속속들이 분해하여 생각하는 것이 중요하다. 또 그 상품을 현재의 생활에서 어떻게 사용할 수 있을지도 상상해 본다.

MUJI의 'Found MUJI'는 세계 각지의 전통과 생활에서 생겨난 상품을 테마별로 찾아내 판매하는 한정 상품 시리즈다. 이것은 MUJI 내에서 일종의 R&D(연구 개발) 기능도 담당하고 있다. 세계의 생활 현장에서 눈에 띄는 상품을 도입하여 한정적으로 판매해 보고, 반응이 좋으면 대량 생산을 기획하여 일반 상품으로 판매하는 방식이다.

그러므로 MUJI의 개발자는 세계 각지의 전통과 역사, 생활을 배우는 문화인류학적 소양도 갖추어야 한다. 그래서 국내든 해외든 출장을 갈 때마다 문화인류학적 일용품을 전시한 박물관을 찾아 그곳의 생활과 전통을 이해하려고 노력한다.

상품 개발자는 상품의 '라이프 사이클'도 고려해야 한다. 즉 상품의 기능과 가격을 상정할 뿐만 아니라 언제 어느 점포에 어떻게 진열하고 어떤 프로모션으로 판매할지까지 정해야 하는 것이다. 또 그 상품을 언제 폐지할지도 결정한다.

마케팅에서는 '제품의 라이프 사이클'이라는 말을 쓴다. 제품이 도입기, 성장기, 성숙기, 쇠퇴기를 각각 어디서 어떻게 거치느냐를 나타내는 말이다.

MUJI의 상품 개발자는 상품의 이러한 일생을 계획한다. 판매를 촉진하기 위해서는 결정할 것이 무척 많다. 여기에는 데이터 분석력뿐만 아니라 상상력과 기획력, 실행력까지 필요하다.

물론 개발 단계에서 모든 것을 확정하지는 않으므로 판매하면서 상품의 판매 기간과 판매 예측량 등을 수정할 수 있다.

상품의 라이프 사이클과 각 단계의 전략

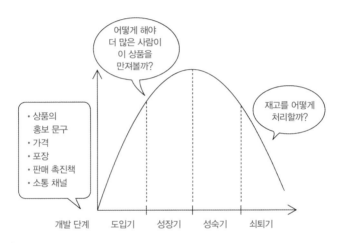

롱 셀러 상품의 탄생

이쯤에서 MUJI를 대표하는 롱 셀러 상품을 소개해 보자.[31] 무엇이든 롱 셀러가 되는 데에는 그만한 이유가 있기 마련이라, 하나같이 강하고 독특한 개성이 있는 상품들이다. 뿐만 아니라 시대에 맞춰 꾸준히 개량된 덕분에 오랫동안 고객들에게 사랑받고 있다. MUJI에는 제1장에서 소개한 세계적 히트 상품 외에도 다음과 같은 롱 셀러가 있다.

❶ 벽걸이형 CD 플레이어(2000년~)

환기팬처럼 생긴 벽걸이형 CD 플레이어는 후카사와 나오토(深澤直人)가 디자인한 제품으로, 미국 MoMA(뉴욕 근대 미술관)의 영구 전시품이기도 하다. 벽에 부착하는 형태로, 작동법이 매우 간단해서 CD를 듣고 싶을 때나 CD를 멈추고 싶을 때는 환기팬의 줄만 당기면 된다. 이 상품은 전 세계에서 큰 히트를 기록했지만 최근 들어 음악 듣는 방법이 달라져 CD 소비량이 크게 줄었으므로, 환기팬 모양은 유지하면서 블루투스(Bluetooth) 스피커로 사양을 변경한 상품이 새로 출시되었다.

❷ 푹신 소파(2003년~)

제1장에 소개된, '사람을 망치는 소파'로 불리는 상품이다.

이 상품은 상품 개발 과정도 독특했다. 원래 MUJI가 엘리펀트 디자인[32]과 연합하여 만든 인터넷 사이트 '공상무인(空想無印)'을 통해 고객의 의견을 수집하여 개발한 상품이기 때문이다. '유저 이노베이션'[33]의 대표 사례라고도 할 수 있는 상품이다.

오랫동안 인기 상품의 지위를 유지하는 데에는 끊임없는 개량 활동도 한몫을 했다. 충전재인 비즈를 개량하고 소파 커버를 더 다양하게 만들었는데, 최근에는 데님 소재로 된 커버도 출시되었다.

❸ 다리 달린 매트리스(1991년~)

다리 달린 매트리스(국내명은 '일체형 매트리스' – 역주)도 엄청나게 히트한 상품이다. 일반적인 침대는 매트리스와 프레임이 따로 있지만 MUJI는 매트리스에 다리를 달아서 두 품목을 일체화했다. 매트리스 하나만으로 침대가 된다는 발상 자체가 획기적이었다. 발매 당시는 거품 경제 시대에 태어난 세대가 사회인이 되고 베이비붐 주니어 세대가 대학생이 된 시기였기에 학기와 회사 생활이 새로 시작되는 3~4월에 가장 잘 팔렸다. 합리적인 가격과 심플한 디자인으로 큰 인기를 누린 상품이다.

이 상품도 매트리스의 코일을 개량하고 다른 상품과 조합하여 파는 등의 진화 덕분에 롱 셀러 상품이 되었다. 나라별로 침대 사이즈가 달라지는 등의 이유로 해외에서는 원래 판매되지 않았지만 현재는 아시아를 중심으로 해외에서도 판매되고 있다.

❹ 종이 케이스에 든 색연필(1992년~)

MUJI의 색연필은 2000년대 유럽에서 MUJI를 대표하는 상품으로 통했다. 재생지로 만든 원통 용기에 36색과 60색 색연필이 빼곡하게 들어 있으며, 나무의 내추럴한 소재감과 군더더기 없는 심플한 디자인이 돋보여서 색연필 자체도 인기 있었던 상품이다. 사이즈는 연필 길이의 절반인 것도 있다.

이 소박하지만 알록달록한 색연필과 함께 재생지 노트와 바인더도 많이 팔렸다.

나중에 자세히 언급하겠지만, 2000년대에 유럽용 상품을 유럽 상품부가 독자적으로 개발한 시기가 있었다. 그때 마침 이 색연필의 판매 실적이 좋아 유럽의 개발자들이 이를 참고해 알록달록한 미니 색연필과 사인펜 세트 등을 기획했는데 그것들도 모두 잘 팔렸다.

❺ 화장수(2003년~)

MUJI의 기본 화장수('고보습 화장수', '촉촉한 화장수', '산뜻한 화장수')는 이와테(岩手) 현의 천연수로 만들어진다. 가격에 비해 양이 많고 품질이 좋아 팬도 많고, 오랜 기간 이 화장수만 사용하는 반복 구매 고객도 많은 상품이다.

화장수는 이 기본 시리즈 외에도 안티에이징, 미백, 천연 등 기능별로 몇몇 시리즈가 나와 있는데 일본 외의 아시아에서도 대체로 인기가 높다.

유럽과 미국에서 판매를 개시했을 때는 MUJI 화장수가 아시아인의 피부를 기준으로 개발되었다는 생각 때문에 아시아계 고객에게만 잘 팔렸을 뿐 흑인, 백인 고객에게는 그다지 인기가 없었다. 문화적 편견을 확인하게 만든 상품 중 하나다.

'무지의 숙명'에 대한 자세

MUJI는 상품 개발과 직접 관련 없는 플랫폼 활동도 하고 있다.

일본 각지의 지역 과제 해결 활동을 지원하는 '로컬 닛폰'[34]이라는 웹사이트도 그중 하나다. 이 사이트에서는 지역의 생활을 중시하는 사람을 '로컬리스트'로 규정하고 그들의 지역 활성화 활동을 상세히 소개한다.

그 외에 MUJI는 홈페이지의 넷스토어에 '모금권(募金券)'이라는 코너를 만들어 다양한 NPO 단체를 반년마다 여섯 곳씩 정기적으로 소개하고 기부금을 모으고 있다. 고객은 기부하고 싶은 NPO 단체를 골라 인터넷 쇼핑을 하면서 동시에 기부할 수 있다.

또한 최근에는 주택 리노베이션에 관한 사내외의 정보를 소개하고 중고 물건 탐색을 도와주는 '리노베이션 클럽'이라는 플랫폼도 개설했다.

이런 활동의 경우, MUJI가 플랫폼이 되면 정보에 신뢰성이 더해지는 효과가 있다. 또 이용자가 많은 MUJI의 플랫폼을 활용하여 지나치기 쉬운 사소한 정보까지 널리 전파하는 효과도 기대할 수 있다.

최근 MUJI의 활동은 이처럼 다양한 장르에 걸쳐 '플랫폼화' 되고 있다. 'MUJI가 지향하는 플랫폼'에 관해 가나이 회장은 이런 말을 했다.

우선 무인양품의 숙명을 생각해야 합니다. 우리는 업계 최초로 유기농 순면을 합리적인 가격에 상품화했고 재생지를 활용했으며 조각난 건표고(겉모습이 화려하지 않아도 맛은 똑같고 가격은 싸다는 콘셉트를 상징하는 상품)를 전면에 내세워 판매했습니다. 이것은 우리의 현장에서 찾아낸 상품입니다. 그러나 몇 년이 지나면 이런 상품들은 당연하게 여겨질 것입니다. 그것이 자연스럽겠지만, 그러면 기업으로서의 독자성이 희박해질 것입니다. 그래서 무인양품은 또다른 안티테제, 새로운 가치관을 끊임없이 제안해야 하는 숙명에 처해 있습니다.

무인양품의 전략은 매우 단순합니다. '도움이 되자'는 것입니다. 그러므로 그 전략에 다양한 테마를 연결시킬 수 있습니다. 거기에 필요한 아이디어를 내서 시스템화하는 일을 앞으로도 계속하고 싶습니다.

지금 우리는 '로컬에서 시작되는 미래'라는 테마의 활동을 추진하고 있습니다. 조만간 지방이 몰락할 것이라는 이야기가 회자되고 있습니다. 빈집 문제도 심각하며 지방에는 셔터가 내려진 거리 또한 즐비합니다. 우리는 소위 CSR(기업의 사회적 책임) 활동을 하지 않겠다고 선언했지만 (CSR이라는 형태로는 하지 않을 것임) 대신 사회적 활동을 열심히 하는 사람을 소개하려 합니다. 특히 지방이 어려운 요즘, 지방을 살리기 위해 열심히 활동하는 사람을 소개했습니다. (무인양품의 플랫폼을 통해) 지바(千葉) 현의 A 씨를 소개하고 도치기 현의 B 씨를 소개하다 보니 (시간이 흐름에 따라) 화학 반응이 일어나기 시작했습니다. 이런 과정을 통해 지역 내에 바람직한 활동이 더욱 활성화될 것이라 기대합니다.

글로벌화와 도시화가 진행되는 와중에 우리는 매우 중요한 것을 잃어버린 것 같습니다. 지방에는 아직도 자연과 공동체 등 좋은 가치가 남아 있습니다. 지방은 스스로 달라질 수 있다고 믿습니다. 그런 가치관을 세상에 제시하여 세상이 달라진다면 좋을 것이고, 무인양품이라는 브랜드도 신선도가 유지되리라 생각합니다.

시대에 안티테제를 던져야 할 숙명에 처한 MUJI는, 시대를 반걸음 앞서 나아가기 위해 시대의 과제를 파악하고 정보를 모아 발신하는 시스템을 만들어나가고 있다. 그것이 플랫폼이라는 형태를 띤 것이다. 'MUJI의 숙명'이 낳은 이 도전은 영원히 계속될 것이며, 향후 MUJI의 모든 혁신 또한 이 도전에서 비롯될 것이다.

또 인구 감소로 인한 지방의 쇠퇴를 저지하려는 MUJI의 활동은 향후 선진 각국에서도 참고할 만한 사례가 될 것이라 기대한다. 이런 활동이 글로벌하게 확대될 수도 있다. 중국처럼 성장하는 국가에게는, 지방이 쇠퇴하는 사태를 미연에 방지할 대책을 제안할 수 있을지도 모른다.

시대에 계속 질문을 던지고 시대를 반걸음 앞서 나아가는 MUJI의 정체성은 이런 다양한 플랫폼을 통한 사람들과의 관계를 기반으로 구현되고 있다.

'상업'으로 사회에 공헌한다

MUJI는 '상업'으로 사회에 공헌하겠다고 선언했다. 이 사고방식은 경영학자인 마이클 포터(Michael E. Porter) 등이 최근 내세운 'CSR(기업의 사회적 책임)보다 CSV(공통 가치 창조)가 더 중요하다'[35]는 주장과도 일맥상통한다.

기업은 자사의 이익만 추구하는 것이 아니라 사회에도 좋은 일을 해야 한다는 것이 이들의 주장이다. 본업인 비즈니스에서 이익이 되는 사업성을 추구할 뿐만 아니라 그와 동시에 사회적인 의의도 추구해야 한다는 것이다.

서양의 경영학자들은 최근에야 이런 이야기를 시작했지만 일본에는 옛날부터 이런 사고방식이 뿌리 깊었다. '파는 사람도 좋고 사는 사람도 좋고 세상도 좋고(売り手良し'買い手良し'世間良し)'라는 오미(近江, 시가 현의 옛 이름) 상인의 속담이 일본의 철학을 대변한다.

MUJI의 상품 개발의 근저에 흐르는 사고방식도 소비자뿐만 아니라 생산자에게도, 사원을 포함한 사회에도 '느낌 좋을 만큼'의 가치를 제공해야 한다는 것이다. 이와 관련하여 홈페이지에는 '100가지 좋은 일'이라는 타이틀 하에 앞에서 말한 유기농 순면 등의 다양한 사례가 소개되어 있다.

그중 또 하나의 예가 'MUJI×JICA 프로젝트'다. 이것은 개발도상국의 빈곤 감소와 여성의 자립을 도울 목적으로 MUJI와 JICA(국제협력기구)가 공동으로 2010년에 개시한 프로젝트다. 여기서 JICA는 개발도상국 지원을 위해 일촌일품(一村一品) 운동을 전개하였으며, MUJI는 그에 부응하여 지역 특산물을 활용한 상품인 키르기스스탄의 펠트 직물과 케냐의 소프스톤 등을 상품으로 기획하여 출시했다. 이 프로젝트는 개발도상국의 사회적 과제를 해결하기 위한 지속 가능한 비즈니스(인클루시브 비즈니스)[36]로서 세계적 호평을 받고 있다.[37]

MUJI는 그 상품들이 일본과 해외의 소비자에게 좋은 반응을 얻을 수 있도록 JICA와 함께 품질 향상 및 효율적인 생산·포장·마케팅에 관한 기술 지원을 하고 있다. 앞으로도 MUJI는 독자적 품질 기준에 따라, 현지 생산자와 대화를 거듭하면서 해당 상품의 품질을 향상시켜 나갈 것이다.

CSR과 CSV의 차이

CSR 기업의 사회적 책임 Corporate Social Responsibility	CSV 공유 가치 창출 Creating Shared Value
가치는 '착한 일을 하는 것'	가치는 비용에 대비한 경제적·사회적 편익
시민 정신, 박애주의, 지속 가능성	기업과 공동체가 공동으로 가치를 창출
임의 또는 외압으로	경쟁에 불가결
이익의 최대화와는 별도	이익의 최대화에 불가결
테마는 외부 보고와 개인의 기호로 결정	테마는 기업마다 다르며 내부 발생적
기업의 업적과 CSR 예산의 제한을 받음	기업 예산 전체를 재편성함
예) 공정무역으로 구매	예) 조달 방법을 바꿈으로써 품질과 수확량을 향상시킴

마이클 포터, 마크 크레이머(Mark R. Kramer)의 'Creating Shared Value(공유 가치 창출)', 《DIAMOND 하버드 비즈니스 리뷰》, 2011년 6월호

CHAPTER 6

일상의 감탄을 구현한다

MUJI식 디자인 사고

디자인 사고와 MUJI식 사고의 공통점과 차이점

'디자인 사고'라는 개념을 접했을 때, 그것이 MUJI 상품 개발의 근간에 있는 철학과 매우 비슷하다는 인상을 받았다.

디자인 사고는 미국 디자인 컨설턴트 회사 IDEO가 제창한 개념으로, 창조력을 길러내는 방법에 착안한 사고방식이다. 데이비드 켈리(David Kelley)가 창업하고 팀 브라운(Tim Brown)이 뒤이어 CEO로 활약한 IDEO는 혁신적인 비즈니스, 이노베이션, 디자인을 속속 선보인 회사다. 참고로, 두 경영자가 출간한 디자인 사고에 관한 책은 시중에 다수 번역되어 있다.[38]

디자인 사고에서는 사용자 측의 관점을 중시한다. 그래서 무릎을 탁 치게 만드는 제안으로 기존의 상식을 뒤엎는 상품을 만들어낸다.

대표적인 사례가 의료 기기인 MRI다.[39] 어린 환자를 위해 해적선의 모험을 상상시키는 일러스트를 MRI 기기에 그려 넣은 것이다. 사용자(이 경우는 병원에서 MRI 검사를 받는 어린이)의 기분을 고려한 발상이 만들어낸 혁신이다.

MUJI의 상품 역시 고객의 기분을 고려하며 개발되는 덕분에 지금까지 생각하지 못했던 것을 일깨우는 발견과 놀라움을 제공한다. MUJI의 매장에서는 '발견과 힌트'라는 프로모션을 통해 고객에게 새로운 생활의 관점과 힌트를 제시하기도 한다.

그렇다면 지금부터는 디자인 사고와 MUJI의 상품 개발 철학의 유사점과 차이점을 알아보자.

참고로, 현재 양품계획의 고문이자 상품 디자이너인 후카사와 나오토는 IDEO 도쿄 지사장을 역임한 경력이 있다. 그래서 그가 주별, 월별로 디자이너 및 경영층을 만나는 과정에서 디자인 사고를 MUJI의 상품 개발 과정에 자연스럽게 흡수시킨 것이 아닐까 생각한다.

IDEO의 디자인 사고와 MUJI의 개발 방식

디자인 사고
『유쾌한 크리에이티브』
(청림출판, 2014)에서

1 창조적인 사람이 되겠다고 결심한다.

2 여행자처럼 사고한다.

3 '느슨한 주의력'을 기울인다.

4 최종 사용자에게 공감한다.

5 현장에 가서 관찰한다.

6 '왜'로 시작되는 질문을 한다.

7 문제의 틀을 재검토한다.

8 허물없는 동료들과의
  네트워크를 구축한다.

MUJI의 디자인 사고

1 사람들의 생활을 개선할
  상품을 매일 생각한다.

2 세계인의 생활을 배우고 받아들인다.

3 개방된 프로젝트를
  자주적으로 성립시킨다.

4 사용자와 대화의 캐치볼을 한다.

5 보통 사람의 집을 철저히 관찰한다.

6 어떤 편익을 제공했는지
  수치로 검증한다.

7 '형태'의 의미를 생각한다.

8 '제약'을 넣어 상상한다.

9 우연을 필연으로 만든다.

사람들의 생활을 개선할 상품을 매일 생각한다

디자인 사고에서는 '창조적인 사람이 되겠다고 결심하는' 일이 매우 중요하다.

MUJI 안에는 생활에 도움이 되는 물건을 개발하겠다는 열정을 지닌 머천다이저와 디자이너가 많다. 그런 개발자들은 동료들과의 학회 등 다양한 정보를 접할 기회를 만들어 사람들의 생활을 개선할 상품이 무엇인지 매일 끊임없이 고민한다. MUJI를 그처럼 좋아하는 사람들이 MUJI의 상품을 만든다.

그들은 고객이 어떤 일에 곤란을 느끼는지, 어떤 욕구가 있는지 조사하고 방대한 정보를 분석하여 개발할 상품을 정한다. 어떤 상품을 개발해야 '느낌 좋을 만큼'의 가치를 실현할 수 있을지 고민한다. MUJI의 상품은 기본적으로 누구나 평소에 쓰는 물건이므로 개발자도 한 명의 생활자로서 '이런 상품이 도움이 되지 않을까?'라고 매일 생각하는 것이다.

세계인의 생활을 배우고 받아들인다

디자인 사고에서는 '여행자처럼 생각'할 것을 요구한다. 그런데 MUJI의 활동 중 이 항목을 전형적으로 실현한 것이 앞서 소개한 'Found MUJI'일 것이다. 양품계획 홈페이지에서 이에 대해 다음과 같이 소개한다.

무인양품은 애초에 물건을 만든다기보다 '찾아낸다'는 자세로 사람들의 생활을 관찰합니다. 그래서 오랫동안 사라지지 않고 활용된 일용품을 전 세계에서 찾아내 그것을 생활과 문화, 관습에 맞추어 조금씩 개량한 후 적정한 가격으로 재탄생시켜 왔습니다. 그리고 2003년부터는 이 활동에 'Found MUJI(찾아낸 MUJI)'라는 이름을 붙인 뒤 세계의 구석구석까지 샅샅이 뒤지면서 더 좋은 물건을 찾는 여행을 계속하고 있습니다. 그렇게 찾아낸 물건들 중에는 그 상태 그대로는 우리 생활에 도입하기 어려운 것도 있습니다. 우리는 제작자와 대화해 가며 그런 물건들을 현대의 생활의 품질 기준에 맞추어 개량하고, 무인양품의 물건으로 다시 만듭니다. 우리는 더 좋은 물건을 찾는 안목을 연마하고 그것을 현대의 생활에 맞게 더욱 개량하면서도 본질적인 정수를 지켜 나갑니다. 이 'Found MUJI'는 무인양품과 여러분이 함께 추진하는 활동입니다.

이처럼 'Found MUJI'에는 전 세계인의 생활 속에 매일 쓰였던 일용품에서 배운다는 MUJI의 개발 철학이 반영되어 있다. 참고로 이 설명을 보면, 원래 MUJI는 지금과 같이 물건을 만드는 제조 소매업이 아니라 좋은 물건을 찾아내서 약간의 가공을 가한 후 판매하는 회사였음을 알 수 있다.

세계 각국에는 기후와 관습 등에 따라 진화한 소재와 도구가 존재한다. 단, 그곳에 맞게 만들어진 물건이 일본을 비롯한 전 세계에서 쓰이려면 약간의 개량이 필요하다. 그중에서도 중요한 것이 품질이다. 개발할 때 품질과 편의성은 현대인의 생활에 맞는 수준으로 개량된다.

'Found MUJI'의 활동에서는 전 세계에서 모은 상품 정보가 가장 중요하다. 그것을 어떻게 가공하여 상품화할지는 개발자의 수완에 달려 있다.

그렇다면 'Found MUJI'의 상품 개발 사례를 소개해 보자.

Found MUJI는 2015년 봄, 인도 원단을 테마로 자수가 들어간 '칸타'라는 면직물과 '블록 프린트'가 들어간 인테리어 직물을 판매했다. 블록 프린트란 인도의 목제 도장(목판)을 활용하여 문양을 천에 인쇄하는 전통 산업이다. 이 상품을 판매하는 매장에서는 인도의 유서 깊은 전통 산업을 설명하는 사진과 글을 게시했다.

참고로 2016년 8월에 개점한 인도 MUJI 1호점에는 이 블록 프린트에 쓰인 목판 모양을 기하학적으로 표현한 장식물이 벽에 걸렸다.

부문 횡단 프로젝트를 성립시킨다

MUJI 사람들은 가끔 부서를 초월하여 상품 개발을 한다. 2005 년에 만들어졌던 '포도주 프로젝트'가 그 예인데, 부문을 불문하고 회사의 모든 포도주 애호가가 한데 모여(나도 참가했음) 포도주를 배우고 마시며 'MUJI에서 포도주를 만든다면 어떤 포도주일까?' 하고 시끌벅적 즐겁게 토론하는 시간을 여러 차례 가졌다.

이렇게 이들이 이것저것 조사하여 토론하는 중에 다양한 관점과 아이디어가 도출되었다.

'여자도 출장을 갔다 돌아오면 가볍게 포도주를 마시고 싶다', '포도주는 뚜껑을 한 번 열면 맛이 변하는 것이 단점이다' 등등.

모두가 체험을 바탕으로 대화하며 고객의 욕구를 탐구하고 신문기사 등의 정보를 모아 시장을 분석한 결과, 'MUJI에는 친숙하고 부담 없는 일상적 포도주가 어울린다'는 결론을 내렸다.

그래서 마침내 식품부의 상품 개발자가 '컵 포도주'라는, 한

컵 분량의 포도주를 만들어냈다(단, 매장에서 술을 판매하려면 주류 판매 면허 등 갖추어야 할 것이 많아서 지금은 판매가 중단되었다). 지금은 편의점에서도 일인용 소용량 포도주를 취급하지만 2005년 당시에는 소용량 주류가 맥주, 유산균 음료, 칵테일과 일본주밖에 없었다.

이것은 부문을 초월한 모임이 활발한 토론을 거쳐 상품을 개발하는 데 성공한 좋은 사례다. MUJI에는 이와 같은 부문 횡단 프로젝트가 많은데, 매번 다 함께 시끄럽게 이야기하며 즐겁게 MUJI를 만들어낸다.

MUJI식 디자인 사고 ❹
사용자와 대화의 캐치볼을 한다

디자인 사고에서는 '최종 사용자에게 공감하라'고 한다. IDEO의 팀 브라운이 저술한 『디자인에 집중하라』(김영사, 2014)에 따르면, 그것은 '타인의 눈을 통해 세상을 관찰하고 타인의 경험을 통해 세상을 이해하며 타인의 감정을 통해 세상을 느끼려고 노력하라'는 말이다. 타인의 입장에 서서 기능적 이해, 인지적 이해, 감정적 이해를 한 후 과제의 해결에 임하라는 것이다.

MUJI의 상품 개발에서도 생활자의 일상적 과제에 공감하라고 강조한다. 거기에는 많은 고객의 의견이 필요하다. 그래서 MUJI는 생활자와 '대화'하는 시스템을 다양하게 운영한다.

예를 들어 '생활 양품 연구소'는 생활에 관한 칼럼을 매주 발신하는 등의 활동으로 유지되는, 매일의 생활을 개선하려는 사람들의 커뮤니티다.

또 'IDEA PARK(아이디어 파크)'는 소비자가 상품의 개발이나 개량, 재판매를 요청할 수 있는 인터넷 창구다. 여기에 2년간 1만 건이나 되는 의견이 들어와 200건의 상품 개량과 신규 개발을 성공시켰다고 한다. MUJI 측은 여기 들어온 고객의 의견을 검토한 결과를 수시로 보고하는 방식으로 고객과의 대화를 끊임없이 이어가고 있다.[40]

'유저 이노베이션'이라고 불리는 고객 참여형 개발 시스템도 나날이 진화하고 있다. 2016년 가을부터는 개발 중인 아이디어를 고객에게 보여주고 어떤 상품을 지지하는지 투표하도록 하고 있다. 고객은 상품의 개발 과정에 참여했으므로 상품의 출시를 기다리게 될 것이다. 이런 몇몇 상품 개발 시스템을 통해 MUJI의 상품 개발자는 소비자의 목소리에 끊임없이 귀를 기울이고 그 의견을 실현시킨다.

고객의 개선 제안, 사용 제안에는 개발자가 미처 몰랐던 좋은 아이디어가 숨어 있다. MUJI의 상품은 이처럼 다양한 고객과의 소통으로 만들어진다.

그러나 고객 한 사람 한 사람의 목소리를 듣고 개발에 반영하려면 상품 개발자가 매우 노련해야 한다. 고객 의견에 휩쓸려 품목 수를 대책 없이 늘리면 효율이 떨어지고 낭비도 많아진다. 적절한 선에서 균형을 취하려면 나름의 경험과 지식이 필요하다.

참고로 MUJI의 고객 참여형 상품 개발 과정은 도표를 보면 알 수 있듯, 소위 일반적인 상품 개발 과정과는 전혀 다르다.[40]

그러므로 고객과의 쌍방향 대화로 얻은 정보를 상품 개발에 활용하려면 다음과 같은 점에 반드시 주의해야 한다.

(1) 고객 참여를 실시할 시점 및 단계

개발의 어떤 시점에 고객 참여를 받을지는 상품의 특성, 소재에 따라 달라진다. 상품 개발에 관련된 고객 참여에는 최초의 아이디어 발신, 시장 조사를 위한 설문 참여, 여러 디자인 중 무엇이 좋은지 고르는 모니터링 참여 등 다양한 방식이 있다. 따라서 어떤 시점과 단계에서 고객의 참여를 받을지 처음부터 정해 놓을 필요가 있다.

(2) 참여 고객의 경향

고객 참여 시스템으로 의견을 보내주는 사람은 MUJI에 애정이 있는 사람이다. 그러므로 일반 고객과는 성향이 약간 다르다는 사실을 감안해야 한다. 그런 핵심 고객만을 겨냥하면 종적 연계가 깊어지는 효과는 있겠지만 신규 고객을 확보하기는 어렵다.

(3) 개발에 걸리는 시간

상품 개발에 고객을 참여시키면 대화의 캐치볼이라는 과정이 추가되므로 개발자가 독자적으로 개발을 할 때보다 시간이 많이 걸린다.

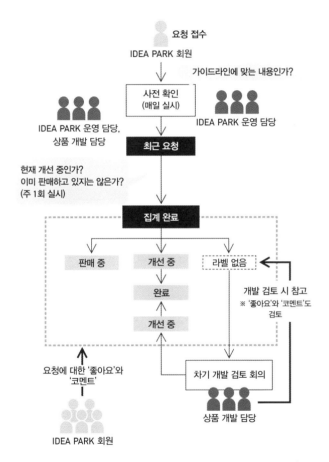

IDEA PARK 시스템

요청 접수
IDEA PARK 회원

가이드라인에 맞는 내용인가?

사전 확인
(매일 실시)

IDEA PARK 운영 담당,
상품 개발 담당

IDEA PARK 운영 담당

최근 요청

현재 개선 중인가?
이미 판매하고 있지는 않은가?
(주 1회 실시)

집계 완료

판매 중

개선 중

라벨 없음

완료

개선 중

개발 검토 시 참고
※ '좋아요'와 '코멘트'도
검토

요청에 대한 '좋아요'와
'코멘트'

차기 개발 검토 회의

상품 개발 담당

IDEA PARK 회원

양품계획 홈페이지 'IDEA PARK를 개선했습니다'에서
http://idea.muji.net/rules2016

일상의 감탄을 구현한다

이런 어려움을 극복하려면 나름의 시간과 경험, 그리고 시스템 개선이 필요하다.

MUJI는 2003년에 출시된 '푹신 소파'를 개발할 때부터 고객 참여형 개발 방식을 활용하면서 다양한 노하우를 축적해 왔다. 그 외에도 MUJI는 다양한 의견을 수집하기 위해 고객과의 신뢰 관계를 구축하고, 그 개발 방식 또한 지속적으로 진화시키고 있다.

MUJI의 고객 참여형 개발과 기존의 신상품 개발의 차이

	MUJI의 고객 참여형 개발	일반 신상품 개발
시장 기회의 발견	• 고객의 소리 • 칼럼 발신 후 반응 청취 • 설문 실시 → 고객의 소리 수집	• 시장 설정 • 아이디어 수집
↓		
신상품의 디자인	• 설문 결과를 분석 • 공표한 뒤 코멘트 모집 • 아이디어 투표 및 코멘트 모집 → 고객과의 쌍방향 캐치볼	• 고객 욕구 • 상품 포지셔닝 • 고객층 분석 • 영업 예측 • 엔지니어링 • 마케팅 믹스
↓		
상품 테스트	• 출시 일정 공지(예약) → 출시에 얽힌 이야기 공개	• 광고 및 상품 테스트 • 사전 테스트 및 도입 전 예측 • 테스트 마켓
↓		
시장 도입	• 매출 분석 • 도입 계획 수립 • 추적 관리	• 도입 계획 • 도입 후 추적 관리
라이프 사이클 관리	• 고객의 소리 • 점포의 소리 → 검증 및 개선·개량·재판매	• 시장 반응 분석 • 경쟁 감시 및 방어 • 성숙기 혁신

마스다 아키코, 온조 나오토(恩藏直人)가 2011년에 작성한 글

보통 사람의 집을 철저히 관찰한다

디자인 사고의 구체적인 행동 중에서도 가장 중요한 것이 관찰이다. 앞서 언급한 팀 브라운에 따르면, 관찰은 '사람들이 하지 않는 일에 주목하고 말하지 않는 것에 귀를 기울이는' 과정이다. IDEO사에서는 프로젝트 중 집중적인 관찰 기간이 설정되어 있어 사람들이 하는 일과 하지 않는 일, 하는 말과 하지 않는 말에 귀를 기울이도록 한다.

MUJI의 상품 개발자들도 일반 가정을 방문하여 생활자가 어떻게 사는지, 물건을 어떻게 사용하고 있는지에 관한 그들의 라이프스타일을 자세히 관찰한다.

상품 개발 과정에 관찰을 도입한 기업은 많지만 MUJI의 관찰이 특히 철저하게 이루어지는 데에는 특별한 노하우가 있다. 디자이너와 머천다이저가 팀을 이룬 뒤 몇 팀이 같은 테마로 4~5곳을 방문하여 집 안의 보이는 곳, 보이지 않는 곳을 꼼꼼히 사진으로 찍은 뒤 그것을 보며 토론함으로써 과제를 찾아내는 것이다.

그러고 보면 MUJI와 IDEO의 관찰 방식은 얼핏 비슷해 보인다. 단, 관찰 대상은 다르다.

IDEO는 언제나 혁신을 지향하므로 보통 사람의 구매 습관을 이해하기보다 보통이 아닌 극단적인 이용자(전문가, 수집가, 마니아, 기인, 괴짜, 어린이 등)를 관찰하기를 좋아한다. 팀 브라운은 '보통 사람은 정규 분포의 한가운데 불룩 솟아오른 부분에 분포하는데, 그곳이 아닌 양 끝을 관찰해야 혁신적인 깨달음을 얻을 수 있다'고 말한다.[41]

그와는 반대로 MUJI는 정규 분포의 한가운데에 분포한 사람들을 관찰한다. MUJI는 일반 대중을 위한 상품을 개발하므로 일반적인 생활자가 어디에서 어려움을 겪는지를 철저히 알아야 한다. 일례로 일상적으로 쓰는 물건이 정리되지 않아서 불편한 사람이 많다. 그런 사람의 집을 관찰하면서 서랍 속을 정리해 줄 좋은 도구가 없을지 궁리하는 식이다.

대중의 평소 생활을 관찰하기 위해서는 있는 그대로의 모습을 보는 것이 중요하다. 그래서 MUJI에서는 주로 사원들을 시켜 자기 가족의 집을 취재하게 한다. 외부인이 찾아온다고 하면 아무래도 집을 미리 정리하게 되기 때문에 가족을 보내는 것이다. 이처럼 평소 생활을 그대로 관찰해야 관찰의 효율을 극대화할 수 있다.

MUJI는 이처럼 평균적인 대중의 생활을 면밀히 관찰함으로써 생활자의 불만을 해소할 상품을 만들고 있다.

MUJI와 IDEO의 관찰의 차이

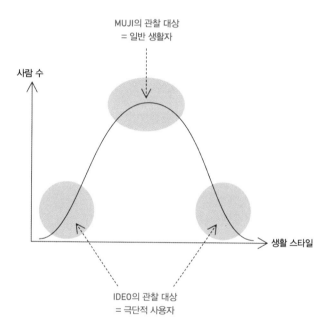

MUJI의 관찰 대상
= 일반 생활자

사람 수

생활 스타일

IDEO의 관찰 대상
= 극단적 사용자

어떤 편익을 제공했는지 수치로 검증한다

디자인 사고에서는 '왜?'를 반복한다.

MUJI도 마찬가지다. 다만 MUJI의 '왜?'는 주로 두 가지 뜻으로 사용된다.

하나는 가설 검증을 위한 '왜?'다.

MUJI의 상품 개발자(머천다이저)는 매출 및 시장 분석을 한 후 상품을 기획하여 개발한다. 그리고 판매 위치, 판매 기간, 가격, 프로모션 계획 등을 세운다.

그뿐만 아니라 '이 상품을 만들면 고객에게 어떤 편익을 제공할 수 있을까?'를 수치로 예측한다. 그 수치 계획이 어느 정도 적중했는지 검증하는 일이야말로 다음 계획 수립의 기초가 된다. 따라서 '왜 예상보다 더 팔렸을까?', '왜 예상만큼 팔리지 않았을까?', '외부 요인일까?', '아니면 상품에 원인이 있을까?'라는 식으로 이유를 찾아낸다.

'형태'의 의미를 생각한다

또 한 가지 '왜?'는 고금동서의 지혜를 모으기 위한 '왜?'다. 즉 상식을 묻는 질문이다.

지금은 MUJI의 롱 셀러가 된 '발모양 직각 양말(국내에서는 '굿피트 직각 양말'로 판매됨 – 역주)'을 예로 들어 보자. 이 제품은 체코의 할머니들이 손뜨개로 뜬 양말이 직각이었던 데서 힌트를 얻어 대량 생산을 시도하여 성공을 거뒀다.

우선 체코 할머니들이 그런 양말을 뜬다는 것을 어떻게 알았을까? 여기에는 우연한 발견과 그 발견을 상품화로 연결시킨 선견지명이 있었다.

앞서 소개한 'Found MUJI'의 기획을 위해, MUJI는 한때 전 세계에 네트워크를 운영하며 나라마다 존재하는 독특한 일용품에 대한 보고서를 받고 그중 상품화할 만한 것이 있는지 검토했다. 그러나 서면 보고만으로 새로 개발할 상품을 선별하기는 쉽지 않았다.

실제로 현지에서 매일 생활해야 무엇이 그곳만의 특별하면서도 일상적인 물건인지 알 수 있다. 현지의 보고자 역시 MUJI

의 상품 개발 콘셉트를 확실히 숙지하지 못하면 무엇에 주목해야 할지 알 수 없다.

그래도 다행히 일본에 살면서 외국의 정보를 제공해 줄 보고자가 몇 명 있었다. 그중 체코인 사위를 얻은 한 사람이 체코의 물건을 실물로 여러 번 소개해 주었다. 손뜨개 양말이 그때 소개받은 식품과 주방용품 등에 섞여 있었다. 굵은 털실로 쫀쫀하게 짠 전형적인 손뜨개 양말로, '아주 따뜻하고 튼튼하다'는 보고자의 설명이 붙어 있었다.

당시 많은 상품 개발자가 그 프레젠테이션을 들었지만 곧바로 상품화할 만한 물건이 없다는 쪽으로 의견이 모아졌다. 그런데 이때 2006년 당시 전무였던 가나이 회장이 한 마디 했다.

"이 양말은 왜 따뜻한 거지? 왜 튼튼한 거야? 흘러내리지 않는다는 게 정말인가? 여러분도 좀 더 생각해 보지 않겠나?"

그래서 양말을 다시 들여다보았더니 발목이 '직각'인 것이 눈에 띄었다.

상품화 가능성을 생각해 보았으나 직각 양말을 만들기가 쉽지 않을 듯했다. 당시 어떤 공장에서도 직각 양말을 생산하지 않았다. 공장의 기계는 일반적으로 발과 발등의 각도가 대략 120도 정도 되도록 설계되어 있었다.

그래도 사람이 직립한 모습을 떠올려보니 양말의 발목이 직각에 가까워야 발에 딱 맞지 않을까 하는 생각이 들었다.

체코의 할머니는 양말을 자연스럽게 직각으로 짰다. '직각이 자연스러운 형태여서 발에 더 잘 맞는 걸까? 그래서 더 따뜻한 게 아닐까?', '할머니가 한 땀 한 땀 정성 들여 짰기 때문에 튼튼한 거겠지?' 상품 개발자는 그렇게 생각했다.

이리하여 상품화를 추진하게 되었고, 공장에서 직각 양말을 생산하기 위한 프로젝트가 시작되었다. 실제로 체코 할머니에게 짜는 법을 배우기도 했고, 그것을 동영상으로 연구하기도 하면서 생산 위탁 공장과 공동으로 개발을 추진했다. 그래서 마침내 직각 양말의 대량 생산에 성공했다. 프로모션과 고객소통 채널 또한 성과를 올려 '발 모양 직각 양말'을 MUJI의 대표 상품 중 하나로 만들어놓았다.

여기서 중요한 점은, 개발자들이 해외의 정보를 접했을 때 상품화를 상정한 '왜?'라는 질문을 반복했다는 것이다.

'왜 이런 형태가 채택되었을까?', '왜 안 될까?', '되게 만들려면 어떻게 해야 할까?'

이 '왜?'는 MUJI의 상품 개발 과정에서 끊임없이 반복되고 있다.

MUJI의 상품 개발자는 전시회나 경쟁 타사의 상품을 접할 때마다 'MUJI였다면 어떻게 했을까?'라고 생각하는 버릇이 있다. 색과 형태를 간략화하거나 모듈화하거나 소재를 천연으로 바꾸거나 재활용 가능하게 만든다면? 이처럼 MUJI다운 제약을 넣어 상상하면서 눈앞에 보이는 물건을 MUJI의 상품으로 바꾸었을 때 얼마나 세상에 도움이 되고 얼마나 매력적일지 생각해 본다.

나도 상품 개발자였을 때, 생활하다가 무언가 우연히 눈에 띌 때마다 '이걸 MUJI의 상품으로 개발한다면 어떻게 될까?'라고 생각했다. '이건 MUJI 상품으로 괜찮겠구나', '이건 안 되겠다'라며 상상의 나래를 펼쳤다.

이야기가 옆길로 새는 것 같지만, 나는 대학 교수가 된 지금도 학생들에게 똑같은 훈련을 시키고 있다. '국제 경영론' 강의에서는 학생들에게, 경제산업성이 해외 생활 실태를 조사한 보고서인 '아시아 트렌드맵'[42]을 펼쳐놓고 자신이 좋아하는 나라를 하나 고르게 한다. 그리고 만약 자신이 일본 기업의 해외 담당자였다면 그 나라의 시장을 어떻게 분석하고 어떤 마케팅 전략을 세워 공략할지 생각하게 한다. 이때는 국제 마케팅을 배우는 시간이므로 일단 STP(Segmentation · Targeting · Positioning : 시장 세분화 · 타기팅 · 포지셔닝)를 명확히 한 후에 4P(Product · Price · Place · Promotion : 상품 · 가격 · 유통 · 프로모션) 전략을 세우게 한다. 그리고 일본인에게 익숙한 상품과 서비스를 새로운 시장이 있다고 판단되는 나라에 수출하려면 어떻게 해야 할지 생각하여 전략을 수립하게 한다. 대학을 졸업하고 사회에 나갔을 때 직면할 상황을 미리 경험시키는 것이다.

그러면 학생들은 '만약 내가 ○○사의 사원이고 자사의 상품이나 서비스를 △△국에 새로 수출한다면, 그 나라에서는 ▲▲에 관한 고객의 필요를 만족시키기 위해 □□를 배려할 필요가 있다'라는 식으로 생각을 전개한다. 일본에서는 일반적인 상품 · 서비스지만 해외에서는 어떨까 하는 점까지 생각하는 것이다. 이렇게 현재의 시장을 벗어나거나 새로운 시장에 진입하는 상황을 미리 머릿속으로 훈련시켜 놓으면 좋은 아이디어를 내는 능력도 길러질 것이다.

나는 MUJI의 개발자로 있는 동안, 아무것도 없는 곳에서는 아무것도 생겨나지 않는다는 사실을 배웠다. 무언가 과제나 의문이 있어야 새로운 생각을 할 수 있다. 이미 아이디어가 여럿 있어야 그것들을 결합할 아이디어가 떠오른다.

그렇게 떠오른 새로운 생각을 혼자 간직해도 되지만, 그것을 다른 사람과 의논하면 공개된 프로젝트가 시작된다. 정보를 공개하면 다른 유용한 정보를 얻을 수도 있다. 이에 다른 사람과의 만남은 매우 중요하다.

그래서 우연한 만남을 소중히 여겨야 한다. 처음에는 우연일지 몰라도 나중에 생각해 보면 필연이었음을 깨닫는 만남이 많다. MUJI의 개발자들도 상품을 언제나 생각하다 보니 우연한 만남이 필연이 되는 경우가 많다.

나도 우연한 만남으로 신상품 후보를 상품화하는 데 성공한 경험이 있다. 바로 앞서 소개한 'MUJI×JICA 프로젝트'다. 당시 '윤리'를 테마로 한 상품을 개발하기 위해 사회 공헌에 관한 정보를 수집하다가 개발도상국을 돕는 JICA(국제 협력 기구)

라는 단체가 있음을 알게 되었다. 그래서 전화로 문의를 했던 것이 계기가 되어 프로젝트를 시작했다. 때마침 MUJI와 JICA의 목표가 서로 일치했던 것이다.

MUJI는 JICA에서 도상국의 네트워크와 정보를 얻었다. 또 JICA는 MUJI에서 생산 관리 노하우, 선진국에서 상품을 판매하기 위한 직원 OJT(직장 내 훈련) 프로그램, 탄탄한 판매 경로를 얻었다. 민간 기업인 양품계획과 공공 기관인 JICA는 평소에는 서로 전혀 다른 활동을 한다. 그럼에도 이때는 서로의 능력을 충분히 활용하여 공동 프로젝트를 출범시켰다.

국제적인 호평을 받은 이 프로젝트는 결국 우연한 만남에서 출발했다. 그러나 프로젝트가 실제로 시작되자 둘의 관계는 필연으로 바뀌었다.

그러나 기억할 점이 있다. 우연한 만남이 상대의 '느낌 좋을 만큼'의 가치를 침범해서는 안 된다는 것이다.

MUJI의 조달을 담당하는 자회사인 MGS(MUJI Global Sourcing)의 사장 다쓰토미 가즈야(達富一也)가 출판한 사진집 『여행의 책 생활과의 만남(旅の本 暮らしとの出逢い, 2005~2015)』(MUJI BOOKS, 2016)을 보면, 그가 전 세계를 날아다니며 소재와 생산지에 관한 정보를 모으고 다양한 생산자와 만나 상품을 만드는 모습을 사진으로 접할 수 있다.

그런데 이 책의 띠지에 적힌 저자의 말 '만나지 않을걸 그랬다'라는 한 마디가 매우 인상적이다. 이것은 조달 여행 중에 우연히 만난 생산자에 대한 그의 마음을 역설적으로 표현한 말이다. 소비 사회의 대표로서 수없이 현지를 방문해야 하는 자신의 마음을 스스로 다잡기 위해 한 말이기도 하다.

CHAPTER 7

세계를 하나로 만든다

문화의 벽을 넘어서는 방법

MUJI와 구몬의 공통점

소매업과는 전혀 분야가 다르지만, 구몬(公文, KUMON) 교육 연구원은 MUJI와 비슷한 점이 많다.

구몬의 글로벌화는 일본 서비스 산업의 성공적인 사례로 손꼽힌다. 구몬의 홈페이지에 공개된 데이터에 따르면, 구몬의 일본 국내 학습자 수는 151만 명인 데 반해 해외 48개국의 학습자 수는 자그마치 276만 명에 달한다고 한다(2016년 3월 기준).

구몬이 세계에 확대시킨 구몬식 학습법은 읽기, 쓰기, 셈하기 등 기초 학력을 향상시키는 데 중점을 둔다. 또 학습자의 수준에 맞는 교재를 배정하는 '수준별 학습'에 의해 쉬운 수준부터 시작하여 난이도를 조금씩 올림으로써 학력을 향상시키고 스스로 공부하는 힘을 차차 붙이는 방식을 적용한다.

기초 연산과 읽고 쓰기는 전 세계 어디에서나 가르치는 과정이다. 게다가 자율학습이라는 스스로 공부하는 힘을 길러주려는 구몬의 방식은 전 세계 부모들의 기대에도 딱 들어맞는다. 이것이 구몬의 학습법이 전 세계에 받아들여진 이유다.

구몬의 사고방식

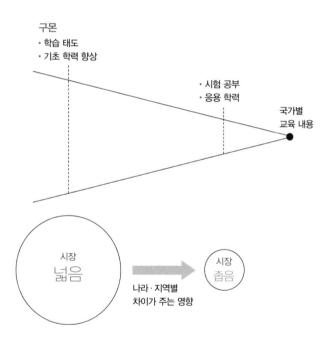

구몬
· 학습 태도
· 기초 학력 향상

· 시험 공부
· 응용 학력

국가별
교육 내용

시장
넓음

나라 · 지역별
차이가 주는 영향

시장
좁음

교육 방식은 나라마다 달라지기 마련이다. 만약 일본의 입시 공부처럼, 나라와 시대에 따라 달라지는 교육 방식을 적용했다면 구몬이 이처럼 글로벌화에 성공하지는 못했을 것이다. 구몬은 기초 학력 향상이라는 보편적 목표에 부합했기에 이것이 가능했던 것이다.

이처럼 전 세계에서 보편적으로 추구하는 상품 또는 서비스를 제공한다는 점에서 구몬과 MUJI는 비슷하다.

MUJI는 일용품 전반에 대해 인간의 보편적 욕구를 만족시키는 '이거면 됐어' 수준의 상품군을 취급한다. 또 고객을 압축하지 않고 개성의 한 걸음 앞에서 멈춰 선 채 최대공약수적 만족을 제공한다. 그래서 세계 공통의 상품으로 받아들여졌다.

MUJI는 포켓몬과도 비슷하다?

MUJI는 포켓몬과도 공통점이 있다. 일본 문화의 맥락 위에서 태어나 전 세계에 받아들여졌다는 점이다. 군이 말하자면 포켓몬과 MUJI의 근저에는 '자연과의 조화'라는 일본적 문화가 깔려 있다.

포켓몬스터를 잡는 게임인 포켓몬은 원래 1989년에 닌텐도가 개발한 휴대용 게임기인 겜보이의 소프트웨어 중 하나로 1996년 2월에 출시되었다.

게임 소프트웨어로 이름을 알린 포켓몬은 히트한 뒤 다양한 형태의 미디어로 발전되기 시작했다. 초등, 중학생용 만화 잡지 《코로코로 코믹(コロコロコミックス)》에 만화로 연재되었고 TV 애니메이션으로도 만들어졌다. 완구와 영화로도 만들어졌고 연관 상품도 흘러넘칠 만큼 많이 제작되었다.

해외 수출에 있어서도, 1997년에 홍콩, 대만, 중국을 필두로 미국, 오스트레일리아, 캐나다, 서유럽, 중남미, 중동, 동유럽까지 진출하며 전 세계에서 히트했다.

포켓몬은 왜 이렇게까지 인기를 끌었을까? 문화인류학 관점에서 이 현상을 분석한 책『천년 괴물 – 일본의 완구와 글로벌 상상력(Millennial Monsters –Japanese Toys and the Global Imagination)』(앤 앨리슨, 캘리포니아 대학 출판과, 2006)에서는, '네 살짜리도 알 만한 심플한 규칙', '아이들끼리 소통하게 만드는 교류를 유도하는 설계', '완전한 가상 세계를 만들어내는 것', '세계 최고의 포켓몬 트레이너가 된다는 야심차고 글로벌한 목표를 내걸 수 있다는 것', '트레이너의 정체성이 일본 국내에만 머물지 않고 해외로 진출하는 방향으로 전환되고 있다는 점' 등을 세계적 히트의 이유로 지적했다.

또 해외에서 보았을 때 포켓몬은 '일본의 민화나 신화에 등장하는 유명한 괴물, 요정, 요괴 등 다른 세상의 다양한 생물들'로서, 옛날과 지금이 혼재된 일본 특유의 문화를 상징하는 존재다. 포켓몬은 현대판 '요괴'인 것이다.

이탈리아에서 요괴를 연구하는 한 친구의 말에 따르면, 서양에는 드라큘라처럼 인간이 변해서 괴물이 된 존재가 많은 반면 일본에는 동물 요괴처럼 자연에서 나온 존재가 많다고 한다.

앞에서 소개한 책의 저자 앨리슨은 이 점에 관해 분석하기를, '일본인은 자연에 대한 미의식과 기술을 활용하여 자연을 바꾸는 일을 일종의 영적 차원에서 이해하려 한다. 그들은 자연이 인간의 손을 거쳐 이상적인 형태로 변하거나 잠재적 힘을 발휘하여 더욱 충실한 생명 활동을 하게 된다고 믿는다'라고 지적하며, 일본의 '분재'를 대표적인 예로 제시한다. 자연의 나무를 다듬어 만든 분재는 자연 상태일 때보다 더욱 완벽하게, 또 오래 생명을 유지한다.

서양 학자들의 이런 견해를 접하면, 일본인이 자연과 함께 어떻게 살아가는지를 새삼 깨닫게 된다. 일본인은 포켓몬을 단순히 '귀여운' 캐릭터로 여기기 쉽지만, 해외 연구자들은 그 근저에 '일본 문화' 및 '자연과 조화하려는 사상'이 내포되어 있다고 해석한다.

세계를 나누는 '네 가지 거리'

국제 경영론의 권위자인 판카즈 게마와트(Pankaj Ghemawat)가 쓴 『글로벌 전략의 재정립(Redefining Global Strategy)』(하버드 비즈니스 리뷰 출판사, 2007)에 따르면, 국제 비즈니스를 발전시키기가 어려운 이유는 나라와 지역 사이에 존재하는 '거리(Distance)' 때문이라고 한다.

거리에는 문화적(Cultural) 거리, 행정적(Administrative) 거리, 지리적(Geographic) 거리, 경제적(Economic) 거리가 있는데, 이 단어들의 머리글자를 따서 네 가지 거리를 '케이지(CAGE)'라 부르기도 한다.

저자는 기업이 글로벌화를 꾀한다면 반드시 이 네 가지 거리를 이해하고 경영 판단, 소통과 교섭에 임해야 한다고 주장한다. 글로벌 경영을 추진하려면 본국과 각 진출국 사이에 존재하는 거리를 메우거나 넘어서려는 노력이 필요하다는 것이다.

또 진출국에서는 수출할 상품이 어떤 단계의 라이프 사이클(도입기, 성장기, 성숙기, 쇠퇴기)에 와 있는지 아는 것도 중요하다. 경쟁 기업이 있느냐 없느냐에 따라서도 소비자의 반응은 달라지기 때문이다.

예를 들어 도입기라면 경쟁은 없을지 모르지만 그 상품이 어떤 것인지 확실히 설명해야만 시장에 받아들여질 것이다. 반대로 성숙기의 상품이라면 경쟁이 심할 테니, 타사와의 차별화를 통해 자사의 특징을 호소해야만 소비자의 눈에 띌 수 있다.

이처럼 세계로 진출할 때는 다양한 요인이 복잡하게 얽혀 네 가지 거리를 만들어낸다.

특히 MUJI와 같은 일용품 비즈니스에는 '문화적 거리'가 큰 문제가 된다. 문화적 거리를 구성하는 요소에는 크게 일곱 가지가 있다. 물질적 생활, 언어, 사회적 상호 작용, 미학, 종교, 교육, 가치다. 이 문화적 거리는 브랜드 이미지에도 큰 영향을 미친다.

이러한 문화적 거리를 극복하고 글로벌화에 성공한 일본 상품으로 앞서 소개한 포켓몬 같은 캐릭터를 들 수 있다. 일본의 애니메이션은 세계적으로 많은 팬을 거느리고 있다. 일본의 콘텐츠는 이처럼 세계에서 히트할 소지가 많다.

전 세계에 팬을 거느린 '헬로 키티'를 생각해 보자. 헬로 키티를 만든 ㈜산리오는 전 세계에서 로열티를 거둬들이며 헬로 키티의 캐릭터 상품을 국가, 지역별 생활에 맞는 사양과 디자인으로 다양하게 개발해 판매하고 있다.[43]

문화를 발판으로 비즈니스를 글로벌화하는 데 성공한 예도 있다. 한국은 한류 드라마를 아시아 각국으로 수출함으로써 드라마에 등장하는 한국인의 라이프스타일, 한국인이 쓰는 가전제품, 한국인의 패션에 대한 흥미와 동경을 불러일으킨 다음에 한국의 상품을 판매하기 시작했다. 이들은 소프트웨어 등 콘텐츠를 현지에 먼저 보급한 후에 하드웨어를 판매하는 방식으로 성과를 올렸다.[44]

CAGE 프레임워크

사업을 글로벌화할 때의 어려움
▼
나라 및 지역 사이에 존재하는 '거리'의 관리

문화적 거리 (Cultural Distance)	• 언어 • 도덕관 • 종교 • 사회적 규범
행정적 거리 (Administrative Distance)	• 상호 이민자 수 • 정치적 우호도 및 상호 관계
지리적 거리 (Geographic Distance)	• 지리적 거리 차이 • 상호 교통망 상황 • 기후 차이
경제적 거리 (Economic Distance)	• 경제 수준 • 기반 시설 정비도 • 인재의 양과 질 • 기술 수준

'문화'의 구성 요소

1 물질적 생활

2 언어

3 사회적 상호 작용

4 미학

5 종교

6 교육

7 가치

『국제 마케팅(国際マーケティング)』, 고타베 마사아키(小田部正明), K. 헬센(K. Helsen) 저, 구리키 게이(栗木契) 감수 · 번역, 주오게이자이샤 발매, 세가쿠샤 발행, 2010

'**MUJI란 무엇인가?**'를 설명한다

MUJI는 포켓몬과 마찬가지로 일본 문화를 배경으로 탄생했지만, 해외에 진출할 때는 포켓몬과 전혀 다른 과정을 거쳤다. MUJI는 단숨에 선풍을 일으킨 캐릭터 상품과는 달리 한 걸음한 걸음 시간을 들여 착실하게 해외 매장을 확대하며 고정 고객을 늘렸다.

MUJI가 어떤 브랜드인지 잘 알려지지 않은 해외 매장의 입구에는 'What's MUJI?(MUJI란 무엇인가?)'라는 제목의 안내판이 걸려 있다. 매장에는 라이프스타일 전반에 걸친 상품들이 한데 모여 MUJI의 세계관을 전달하고 있지만, 안내판의 설명을 보고 MUJI의 세계관을 머리로도 이해하게 하려는 것이다. 이 안내판을 읽는 사람은 몇 안 될지도 모른다. 그래도 MUJI를 처음 접하고 어리둥절한 사람이라면 'MUJI가 뭘까?'라는 의문에 대한 명쾌한 해답을 여기서 얻어갈 수 있다.

사람은 자신이 관심 있는 것(소비자 행동론에서는 '고관여'로 부른다. 제2장 참조)에 대해서는 더욱 중심적이고 본질적인 내용을 알려고 한다. 따라서 MUJI 매장에 들어와 상품을 보고 흥미를 느낀 사람은 'MUJI란 무엇인가?', '이 상품은 어떻게 쓰는 걸까?'라는 의문을 품기 마련이다. 안내판은 그런 사람을 위한 소통 수단이다.

소비자 행동 및 사회심리학에 '휴리스틱 체계 모델(HSM)'[45]이라는 것이 있다. 이 모델에 따르면, 사람은 관심이 없는 대상은 직관적으로 파악하려 하고 관심이 있는 대상은 체계적, 분석적으로 파악하려 한다고 한다. 그러므로 브랜드에 대한 설명은 글로 전달하는 것이 낫다.[46] 따라서 'What's MUJI?' 안내판은 관여도가 높은 분석적 소비자에게 훌륭한 이해의 단서가 된다.

반대로 별 생각 없이 쇼핑몰을 둘러보다가 매장에 들른 저관여 고객은 '일본 브랜드구나', '품질이 좋아 보이네'라며 원산국 등에 관한 약간의 정보만 가지고 MUJI를 파악하려 할 것이다.

저관여 소비자는 이처럼, 브랜드 자체의 본질적 정보가 아닌 주변적 지식으로만 브랜드를 이해하려 하는 경향이 있다. 그런데 오히려 그 점을 노리는 기업도 있다.

예를 들어 균일가 상품을 취급하는 다이소는 해외 매장의 벽에 'Made in Japan(일본산)', 'Japan Quality(일본 품질)'라고 크게 써 붙여놓고, 일본제 상품에도 'Made in Japan'이라고 눈에 띄게 표시한다. 유니클로 역시 해외 매장에서는 전광

판을 활용하여 'Japanese Technology(일본 기술)'라는 문구를 표시한다. 일본이 지닌 원산국으로서의 효과를 기대하는 것이다.

MUJI 역시 일본 브랜드임을 강조하면 해외 소비자에게 긍정적인 인상을 줄 수 있다. 그러나 MUJI는 '일본 원산'이라는 주변적 정보가 아닌 'MUJI' 자체의 중심적, 본질적 가치를 중점적으로 전달하고자 한다.

정확한 번역의 어려움

MUJI에서 쓰이는 일본어는 번역을 할 때 몇 가지 어려운 점이 있다.

일단은 번역해야 할 상품명이 길다. MUJI는 상품명을 통해 상품의 편익을 전달하므로 '목 따끔거림을 줄인 터틀넥 스웨터', '푹신 소파' 등 '●●할 수 있는 ○○'라는 형식의 상품명이 많다. 이 편익을 설명하는 '●●'도 번역할까, 아니면 상품명인 '○○'만 번역할까? 글자 수까지 제한되어 있으므로 판단이 더욱 어렵다. 이런 작업을 진출국 개수만큼 반복해야 하는 것이다.

잡화와 가구 등을 판매하는 스웨덴 회사 이케아의 방식을 살펴보았더니 매우 효율적인 방법이 쓰이고 있었다. 상품에 첨부된 설명은 모조리 사진이나 일러스트라서 말로 된 설명은 없는 것과 마찬가지였다. 진출국의 규제에 관한 품질 표시 등 법적 표시는 현지어로 기재하지만, 상품명은 예외 없이 스웨덴어다.[47] 번역하지 않고 고유 명사로 취급하는 듯하다.

반면 MUJI는 태그에 적힌 '이유'까지 최대한 번역한다. MUJI

상품은 '이유'를 중심으로 개발되기 때문이다. 그래서 그것을 각국 언어로 번역하여 상품의 장점을 전달한다.

MUJI는 광고도 번역하기 어렵다. 2012년의 광고 문구는 '인류는 온난한가'였다. 여기에는 지구 온난화에 대한 염려와 함께, 인간과 지구의 관계가 '온기가 있어 따뜻했으면 좋겠다'는 바람이 담겨 있다.

일본어로 '온난한가(溫暖か)'라는 말은 두 가지 의미를 지닌다. 의문을 나타내는 'か'와 변화를 뜻하는 한자 '화(化)'의 발음이 'か(카)'로 똑같기 때문이다.

이를 외국어로 바꾸기는 쉽지 않다. 따라서 영어 번역은 'Humanity : Warm?'이라는 의문형이 되었다. 중국어 번역은 '온난인간(溫暖人間)'이 되었는데, 중국인에게 물었더니 이것으로는 '마음이 따뜻한 인간', '따뜻한 세상'이라는 의미밖에 전달하지 못한다고 한다.

이처럼 MUJI의 광고 문구를 번역하기란 쉽지 않다. 그러나 되도록 제대로 전달할 수 있는 방법을 꾸준히 연구하고 있다.

일본어

영어

중국어

세계를 하나로 만든다

고맥락 문화와 저맥락 문화

문화인류학자 에드워드 T. 홀(Edward T. Hall)은 세계인의 소통 문화를 '고맥락 문화'와 '저맥락 문화'로 나누고 두 문화에 속한 사람들의 가치관 차이를 분석했다.[48]

'고맥락 문화'에서는 메시지를 해석할 때 문맥적 단서를 중시한다. 즉 사람들이 서로 소통할 때 상대방의 말로 하지 않은 의도까지 읽어 들인다. 그래서 '분위기를 파악하는 일'이 일상적으로 이루어진다.

일본은 고맥락 문화의 전형이다. 일본은 말이 아닌 태도 등으로 상대의 상황을 알아채고 행동을 취할 때가 많다. 한국, 중국 등 유교 문화권, 그리고 남미가 고맥락 문화에 해당한다. 고맥락 문화는 집단주의적인 역사를 거친 나라에 많다.

반면 '저맥락 문화' 사회에는 명확한 소통 규칙이 있다. 모든 의미는 말에 담긴다. 입 밖으로 낸 것만 메시지가 되므로 '분위기를 읽는 일'은 필요치 않다. 미국, 스칸디나비아 제국, 독일 등이 저맥락 문화를 대표한다. 저맥락 문화는 개인주의적 성향이 강한 나라에서 주로 나타난다.

이런 소통 문화의 차이는 기업 광고 등에도 강한 영향을 미친다. 고맥락 문화에서는 소통이 간접적이고 섬세하게 이루어지므로 광고에서도 말과 글은 적어지고 상징이 늘어난다. 저맥락 문화의 광고에는 더 많은 설명과 의미 부여가 등장한다. 고맥락 문화에서 통하는 심정적 광고는 저맥락 문화에 받아들여지기 어렵다.

심리학자인 리처드 E. 니스벳(Richard Nisbett)은 동서양의 차이를 다양한 연구를 통해 분석한[49] 결과, 동양은 모순을 존중하고 서양은 모순을 피한다고 주장한 바 있다. 동양은 관계성을 중시하고 서양은 분류하기를 좋아한다. 고맥락 문화에서 자란 동양인은 상황에 따라 상대를 이해하는 유연성이 있고, 저맥락 문화에서 자란 서양인은 합리적이며 규칙에 엄격하다.

태그에 '이유'를 줄줄이 기재하는 MUJI의 상품은 어떤 의미에서는 저맥락 문화의 결과물로 분류될지도 모르겠다.

그러나 상품 자체는 일본의 고맥락 문화를 계승한 것으로 보인다. 일례로 제5장에서 소개한 '유리그릇'은 잔, 컵, 화병 등으로 다양하게 사용할 수 있는 상품이다. 이처럼 용도를 한정하지 않고 다양하게 쓸 수 있는 상품은 고맥락 문화에 특히 적합하다.

국민성과 문화의 비교

앞장에서 소개한 것 외에도 세계의 국민성과 문화의 차이를 분석한 연구가 많다.

그중 유명한 것이 문화인류학자 G. 호프스테드(Geert Hofstede)가 '다문화 세계'를 비교한 연구다.[50] 이 연구에서는 세계의 문화를 네 가지(나중에 다섯 가지로 늘어남)의 기준으로 평가하고 각국 문화의 특징을 규정했다. 그 기준은 ①권력 격차의 크고 적음 ②불확실성 회피 경향의 정도 ③개인주의와 집단주의 ④남성성과 여성성이다. (나중에 추가된 한 가지는 '장기간 지향성과 단기간 지향성'임)

다음 비교표는 그 연구 결과 중 일부다. 일본은 권력 격차와 개인주의는 전 세계 평균값에 가깝지만, 불확실성을 회피하는 경향이 특히 높고 남성성이 강한 것을 알 수 있다(1980년 기준).

문화에는 여러 정의가 있지만[51] 그 모든 정의에는 공통점이 있다. 문화는 인간이 배우고 전파하며(생물학적 유전자로 전해지는 것이 아님), 그룹과 조직 등 동일한 가치관을 지닌 집단을 통해 계승되고, 서로 영향을 미치는 가운데 공유된다는 것이다. 그리고 문화는 시대와 함께 변화한다.

국가별 문화와 국민성을 비교했다고는 하지만 이 연구 결과는 어디까지나 '이 나라에는 이런 유형의 사람이 많다'는 것으로, 국민의 평균적 특징을 해설한 데 불과하다. 모든 국민에게 그런 특징이 나타난다는 뜻이 아니다.

여러 나라 국민의 특징이 서로 겹쳐지기도 한다. 일례로 다음 도표에서 보듯, 일본인보다 일본인다운 미국인이 있는가 하면 미국인보다 더 미국인다운 일본인도 있다.

또 문화를 비교할 때는 눈에 두드러진 특징뿐만 아니라 가치관과 이념 등 눈에 보이지 않는 특징까지 고려하는 것이 중요하다. 눈에 보이는 특징은 외국인도 알아채기 쉽지만 눈에 보이지 않는 특징은 외부인이 알아채기 어렵다. 다시 말해 눈에 보이는 태도와 행동 차이가 아닌 이면의 신조, 이념, 가치관 차이 등을 파악하기는 매우 어렵다.

그러므로 눈에 보이지 않는 부분에 더욱 주목할 필요가 있다.

호프스테드의 각국 비교

	권력 격차	불확실성 회피	개인주의화	남성성
일본	54	92	46	95
미국	40	46	91	62
영국	35	35	89	66
독일	35	65	67	66
프랑스	68	86	71	43
이탈리아	50	75	76	70
스웨덴	31	29	71	5
덴마크	18	23	74	16
브라질	69	76	38	49
인도	77	40	48	56
대만	58	69	17	45
40개국 평균	52	64	50	50

일본과 미국의 문화 차이

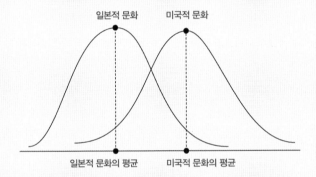

트롬페나스와 햄던-터너(Trompenaars and Hampden-Turner, 1998의 글을 참고하여 필자가 작성함

세계인이 본 'MUJI의 이미지'

중국 _ 일상용품은 질 좋은 것으로

MUJI는 중국에서 특히 인기가 많다. 2015년 12월에 상하이 지점 플래그십 스토어를 열었을 때는 매장 앞에 고객이 장사진을 쳤을 정도다. 그 인기는 중국에 진출한 수많은 글로벌 브랜드 중에서도 손꼽힌다.

중국은 경제 발전이 계속되는 가운데 중산층이 점점 늘고 있다. MUJI는 중국 진출 당시 '가격이 비싸다'는 평가를 받았지만 몇 차례의 가격 조정과 중산층 확대의 영향으로 이제 대다수가 구매할 수 있는 브랜드로 평가받고 있다.

또 중국 소비자의 의식 변화 역시 MUJI 상품에 대한 지지도를 높이고 있다. 중국 소비자가 원래 황금색과 빨간색 등 화려한 색을 좋아한다는 이유로 MUJI 상품이 중국 시장에서 외면당하지 않을까 염려하는 사람도 있었다. 그러나 이제 중국인의 라이프스타일도 선진국과 비슷해졌다. 소비 형태가 다양해지자 사람들이 심플함의 매력을 깨닫기 시작했고, 일상적으로 쓰는 물건은 질 좋은 것을 선택하려는 소비자도 늘어났다. 환

중국 상하이점 개장 풍경. 매장 진입에만 몇 시간이 걸릴 정도로 긴 줄이 생겼다.
© 양품계획

경 의식도 높아졌다. MUJI는 이런 신흥 소비자의 욕구를 충족시키고 있다.

중국의 매장 개설 속도는 점점 빨라지고 있어 2016년에는 MUJI의 중국 내 점포가 200개에 달할 것으로 전망된다.[52]

이탈리아 _ 상품의 매력을 더하는 일본어 글씨

이탈리아에서 MUJI는 디자인이 뛰어나고 그만큼 가격도 비싼, 심플하고 품질 좋은 일본 브랜드로 통한다. 그런데 이탈리아인이 MUJI의 매력으로 꼽는 것 중에 의외의 요소가 있었다.

내가 이탈리아에 살았던 2004년, 현지인 친구가 MUJI의 매력 중 하나로 꼽은 점이 '태그에 일본어가 적혀 있는 것'이었다. 동양적인 이미지가 MUJI의 매력을 가중시켰다는 말이다. 이탈리아인이 읽지 못하는 일본어 표기는 쓸모없다고 생각했지만 그것이 오히려 매력으로 작용한 것이다.

생각해 보니, 당시 MUJI의 해외 매장에서는 분명 일본 태그를 붙인 상품이 그대로 판매되고 있었다. 현지어로 번역된 상품명과 가격은 선반에 따로 표시되었다.

단, 해외 매장이 늘어나자 MUJI 태그에는 일본어 표기와 함께 영어 표기가 추가되었고 경우에 따라 현지어 표기도 활용되기 시작했다.

두바이 1호점 준비를 위한 간판 ⓒ 마스다 아키코, 2013. 01

두바이 _ 엘리건트 & 이노베이티브

2013년 개장을 앞둔 두바이 1호점의 간판에는 'Simple(단순한), Elegant(우아한), Innovative(혁신적인)'라는 말이 쓰여 있었다. 이것은 개장 당시 현지 회사를 소유했던 회사가 두바이 사람들에게 MUJI의 이미지를 전달하기 위해 채택한 문구라고 한다.

'심플'은 어떤 나라에서든 MUJI를 나타내는 말로 자주 쓰이지만, '엘리건트'와 '이노베이티브'는 내게 신선하게 다가왔다. 나중에 자세히 이야기할 텐데, 브랜드 이미지 조사에서 이 두 키워드는 항상 하위를 차지하기 때문이다. 중동에서만

MUJI가 '엘리건트'하고 '이노베이티브'한 브랜드로 자리매김한 듯하다.

일본 및 해외의 브랜드 이미지 조사

다음 표는 2009년에 MUJI의 고객을 대상으로 실시한 브랜드 이미지 조사 결과다.

이것을 보면 모든 항목에서 해외의 평가가 일본보다 높은 것을 알 수 있다.

조사는 MUJI를 방문한 고객에게 표에 있는 질문을 제시하고 5단계 평가를 받는 방식으로 진행되었다(최고 점수 5, 최저 점수 1). 그 국가별 평균치를 정리한 것이 이 표다.

내가 이 조사를 실시하게 된 계기는, 이탈리아 고객이 MUJI의 브랜드 이미지를 높게 파악하는 데 비해 일본 고객이 상대적으로 낮게 파악하는 것을 깨닫게 된 것에서부터 시작되었다. 그래서 MUJI의 브랜드 이미지를 세계적으로 비교할 수 있도록 측정해 보았다.

조사 범위는 유럽과 북미 5개국(영국, 프랑스, 이탈리아, 독일, 미국), 아시아 7개국(일본, 홍콩, 대만, 한국, 싱가포르, 중국, 태국)으로 총 12개국이며 총 47개 매장에서 1,969명의 답변을 받았다. 회답자의 평균 연령은 33세, 남녀 비율은 남성이 29%, 여성이 71%다. 회답자의 이런 분포는 일본 국내와 별반 다르지 않다. 다만 아시아 고객은 연령대가 낮은 편이었고 유럽의 고객은 연령대가 높았다.

전체적으로는 '품질', '디자인', '색과 문양', '소재와 재료', '기능성', '사용감과 착용감', '편의성', '코디네이트하기 좋음', '안전성', '감각적', '심플함' 등의 항목에서 높은 점수가 나왔다. 이것이 세계인이 일반적으로 MUJI라는 브랜드에 대해 느끼는 이미지라고 해도 좋을 것이다.

그리고 예상대로, 해외 고객의 MUJI에 대한 평가가 일본 고객의 평가보다 높게 나타났다. 그 이유는 이렇게 추정할 수 있다.

일본의 '무인양품'은 조사 시점에 이미 30년 정도의 역사를 가진 중저가 브랜드로 인식되고 있다.

한편 해외 고객에게는 일본에서 온 브랜드라는 원산국 효과(일본 제품은 일반적으로 품질이 좋다는 이미지가 있음)가 작용했을 것이다. 거기에 당시 해외 상품의 가격이 일본에 비해 평균 20~30% 정도 비쌌으므로 약간의 프리미엄 이미지가 더해진 듯하다. 이런 이유로 일본보다 해외의 긍정적 평가가 높은 것으로 분석했다.

2013년에 18개국 54개 매장, 2,620명을 대상으로 같은 조사를 했을 때도 이런 경향에 변화는 없었다. MUJI는 여전히 '심플함', '디자인성', '고품질', '고기능성', '유행에 좌우되지 않음'이라는 가치를 통해 세계적으로 좋은 평가를 받고 있다.

　　참고로, 일본에서는 '유행을 타지 않음', '친근하고 편안함'이라는 항목의 평가가 높았지만 해외에서는 그렇지 않았다. 한편 아시아에서는 '심플함'에 이어 '고품질', 그리고 '라이프스타일을 제안하는 능력'에 대한 평가가 높았다. 서구에서는 품질보다 디자인적인 부분에 대한 평가가 높았다.

　　이와 같이 국가에 따라 약간의 차이는 있지만 '심플하다'는 평가가 가장 점수가 높다는 점은 공통적이다.

MUJI의 브랜드 이미지 분석

	품질이 좋다	디자인이 좋다	색과 무늬가 좋다	소재와 재료가 좋다	기능성이 좋다	사용감, 착용감이 좋다	튼튼하다	편리하다	사이즈와 용량이 적당하다	향기가 좋다	코디네이트하기 좋다	안전성
일본	3.77	3.80	3.66	3.75	3.87	3.81	3.43	3.77	3.63	3.33	3.70	3.68
이탈리아	4.34	4.69	4.38	4.21	4.41	4.45	4.06	3.51	4.02	3.90	4.42	4.18
프랑스	4.35	4.45	4.16	4.27	4.31	4.35	4.07	4.30	4.07	3.80	4.11	3.81
영국	4.42	4.57	4.08	4.24	4.39	4.24	4.10	4.18	4.01	3.97	4.30	4.20
독일	4.34	4.58	4.17	4.09	4.48	4.38	3.82	4.35	4.17	4.37	4.26	3.69
홍콩	4.10	4.09	3.86	3.96	3.91	3.97	3.79	4.11	3.64	3.46	3.93	4.24
한국	3.91	3.81	3.81	3.95	3.80	3.83	3.45	3.87	3.66	3.33	3.62	3.71
싱가포르	4.10	4.04	3.66	3.87	4.02	4.12	3.88	4.06	3.81	3.59	3.92	4.08
대만	4.14	4.09	3.99	4.18	4.15	4.19	3.89	4.13	3.98	3.92	4.22	4.33
태국	4.08	4.08	3.86	4.06	4.14	4.14	3.90	4.14	4.05	3.64	3.88	3.97
상하이	4.26	4.16	4.03	4.27	4.23	4.22	4.15	4.18	3.96	3.80	4.06	3.98
베이징	4.24	4.21	4.12	4.28	4.23	4.16	4.04	4.19	4.06	3.98	4.05	4.05
미국	4.54	4.68	4.41	4.46	4.58	4.56	4.25	4.52	4.42	4.22	4.38	4.53
세계 평균	4.20	4.25	4.01	4.12	4.19	4.19	3.91	4.10	3.96	3.79	4.07	4.04

	상품에 비해 값이 저렴하다	다양한 상품군이 구비되어 있다	부담 없는 구색이다	스타일리 시한 구색 이다	센스가 뛰어나다	재고 부족이 드물다	마음에 드는 상품이 항상 있다	일본답다	심플하다	합리적인 가격이다	평균
일본	3.30	3.94	3.99	3.38	3.53	3.24	3.36	3.16	4.44	3.63	**3.64**
이탈리아	3.53	3.70	4.00	4.11	4.38	4.33	3.16	3.88	4.49	3.46	**4.07**
프랑스	3.14	3.53	4.07	3.85	4.00	3.41	3.96	3.85	4.29	3.73	**3.99**
영국	3.94	3.82	3.95	4.13	4.10	3.58	3.81	3.83	4.17	3.89	**4.09**
독일	3.87	3.68	2.96	4.21	4.30	2.76	3.73	4.03	4.55	3.55	**4.02**
홍콩	3.15	3.89	4.05	3.94	3.91	3.47	3.79	3.81	4.15	3.40	**3.85**
한국	2.78	3.61	3.47	3.16	3.66	3.99	3.52	3.97	4.32	2.96	**3.60**
싱가포르	3.51	3.73	3.86	3.87	3.92	3.50	3.43	4.08	4.10	3.44	**3.84**
대만	3.64	3.90	4.17	3.90	4.34	3.47	3.38	4.15	4.49	3.22	**3.99**
태국	3.25	3.78	3.86	3.80	4.00	3.53	3.64	4.10	4.23	3.30	**3.88**
상하이	3.16	3.62	3.68	3.94	4.10	3.59	4.02	4.32	4.41	3.24	**3.97**
베이징	3.48	3.84	3.81	3.93	4.04	3.85	4.12	4.19	4.32	3.66	**4.04**
미국	4.16	4.34	4.40	4.36	4.15	3.66	3.80	4.11	4.62	0.00	**4.14**
세계 평균	3.45	3.80	3.87	3.89	4.03	3.49	3.67	3.96	4.35	3.19	**3.93**

세계를 하나로 만든다

CHAPTER 8

어울리지 않는 상품은 없앤다

세계 표준화의 발자취

이거 MUJI 맞아?

현재 MUJI는 기본적으로 일본에서 개발한 상품을 그대로 해외에 수출한다. 그러나 예전에는 해외 매장이 독자적으로 개발하여 판매한 상품도 꽤 많았다.

잡지 《리얼 디자인(リアルデザイン)》의 2009년 5월 1일자에 게재된 특집 기사 '무인양품의 제작법(無印良品の作り方)'에는 잡화 수집가인 모리이 유카(森井ユカ)가 런던 MUJI에서 찾아낸, 일본에는 없는 상품이 다수 소개되었다.

얼마 전까지만 해도 유럽의 MUJI는 일본에서 취급하지 않는 상품을 판매했다. 대개 유럽 국가 및 지역의 규제나 문화에 대응하기 위한 시도였지만, 그렇게 현지에서 조달된 상품들은 매출에도 상당히 기여했다.

영국 MUJI가 제작한 2005~2006년도 상품 목록을 보면 액세서리 시계, 식기, 조리 기구, 비치샌들 등 다양한 장르의 유럽 전용 상품이 게재되어 있다.

대표적인 상품은 양초다. 유럽 사람들은 양초를 인테리어에 일상적으로 활용한다. 식사 자리를 따뜻한 분위기로 연출하거나 향기를 맡으며 쉴 때도 양초가 자주 등장한다.

일본에는 그런 문화가 거의 없었으므로 일본 무인양품에서 판매하는 양초는 아로마 포트를 데우기 위한 양초 정도가 고작이었다. 그래서 유럽 MUJI에서는 유럽인의 라이프스타일에 맞는 양초를 독자적인 상품으로 개발하여 헬스&뷰티 장르 안에 포함시켜 판매했다. 알루미늄 캔에 든 심플한 디자인의 양초에는 MUJI와 어울리는 향기와 색이 부여되었다. 가격도 합리적이었으므로 선물용으로 인기가 있었다.

양초는 일본에서 배로 수송하기에는 변질이 우려되는 상품이었다. 따라서 현지에서 조달하는 편이 비용 면에서나 품질 면에서 합리적이기도 했다.

문구 역시 유럽에서 독자적으로 개발한 것이 많았다. 제5장에서 소개한 대로 색연필 세트(재생지 원통함에 들어 있는 일본산 상품)의 반응이 좋아서 이와 관련된 상품을 독자적으로 개발한 사례도 있었다.

그중 카드 사이즈 색연필 세트의 경우 회색 케이스 안에 작은 색연필이 가지런히 들어 있었다. 색연필 크기는 지름 약 5밀리미터, 길이 7센티미터 정도여서 실용성은 떨어졌지만, 작고 귀여운 데다 가격도 저렴해서 좋은 반응을 얻었다.

그 외에도 문구 코너에서는 투명한 아크릴 소재로 제작한 펀치나 스테이플러 같은 사무용품이 유럽 전용으로 판매되었다. 다양한 아크릴 수납 용품은 MUJI의 전통적인 롱 셀러이지만 유럽에서는 문구에까지 아크릴 소재를 도입한 것이다.

단 MUJI의 개발 관점에서 볼 때, 카드 사이즈 색연필이나 아크릴 문구에 관해서는 편의성에 대한 의문이 남는다. 겉모습은 MUJI답지만 편의성을 추구하는 MUJI의 본질과는 거리가 있기 때문이다.

유럽 상품 개발자는 당연히 MUJI의 콘셉트를 숙지하고 있었을 것이다. 다만 당시 일본에서 수입된 상품에 첨부된 모든 정보가 일본어인 상황에서 상품 개발의 상세한 의도까지 파악할 수 있었을지는 확신할 수 없다.

그런 점을 개선해 나가는 형태로 MUJI의 상품 개발은 세계 수준의 표준화를 추진해 왔다.

일본으로 역수입된 상품과 프로모션

해외에서 독자적으로 개발된 상품을 일본으로 역수입하여 전세계에 퍼뜨린 사례도 있다. 그 대표적 상품군이 성탄절 선물이다.

성탄절은 원래 기독교의 행사지만 유럽의 성탄절 관련 시장은 종교와 관계없이 전반적으로 매우 크다. 예로부터 성탄절마다 가족과 동료끼리 선물을 주고받는 문화가 있기 때문인데, 회사 경영자가 종업원을 위해 선물을 준비하기도 한다. 그런 만큼, 유럽의 9월부터 12월에 걸친 4/4분기는 매출 비중이 매우 높아 판매의 기세를 올려야 하는 시기였다.

그 시기에는 일본에서 온 상품도 잘 팔렸지만 유럽 상품부가 독자적으로 투입한 상품이 매출에 크게 공헌했다. 유럽에서 MUJI는 합리적이고 독창적인 상품으로 인기가 있었고, '선물을 고르려면 MUJI에 가라'고 말할 정도로 선물용으로도 평가가 높았기 때문이다.

이때 주로 팔린 것은 목제 장식품, 퍼즐, 아크릴 트리, 카드, 봉제인형, 비누와 양초 세트 등이었다. 이런 상품을 취급하는 매장은 크게 활기를 띠었다.

이에 유럽 매장의 활기를 일본으로 가져오자는 생각으로 일본에서도 성탄절 프로모션을 개시했고, 이것이 전 세계 공통의 프로모션으로 발전해 나갔다.

이처럼 글로벌화란 본국에서 해외로 상품을 수평 확대하는 것만을 의미하지 않는다. 해외 매장에 바람직한 사례가 있으면 본국에서도 도입 후 전개해 발전시키는 쌍방 통행이 이루어져야 한다.

유럽 내 독자 상품 개발의 역사

유럽 전용 상품을 개발한 주역은 유럽 상품부 직원들이었다. 그들은 런던에 위치한 MUJI의 유럽 총괄 회사에 근무했다.

지금은 유럽 전용 상품이 중단되었지만, MUJI가 이처럼 유럽에서 확고한 브랜드 이미지를 구축하고 착실히 팬을 늘린 데에는 유럽 상품부가 개발한 전용 상품도 한몫을 톡톡히 했다고 생각한다.

한정된 경영 자원을 사업에 어떻게 할애하느냐는 글로벌 경영에 있어 영원한 과제다. 우선적으로 현재 처한 상황에 따라 유연하게 대처하는 수밖에 없다. 유럽의 독자 상품 개발 역시 MUJI가 해외에 진출하는 과정에서 상황에 대처하기 위해 선택된 하나의 방책이었다.

MUJI의 해외 진출은 유럽에서 시작되었다. 1991년에 런던 1호점이 문을 연 이래 영국, 프랑스에 하나둘씩 점포가 만들어졌다.

그러나 2010년 이전에는 현재와 같은 세계 규모의 상품 공급 시스템이 존재하지 않았다. 유럽과 아시아에 띄엄띄엄 존재했던 해외 점포의 상품 공급은 주로 일본의 해외 사업부가 담당하고 있었다. 상품은 일본에서 판매되는 사양 그대로였고 태그의 설명은 죄다 일본어였다. 가격도 엔 표시로 되어 있어서 유럽 매장에서는 그 위에 가격 스티커를 붙이거나, 번역된 상품명과 현지 소비자 가격을 진열 선반에 기재해야 했다.

그러나 당시의 가장 큰 문제는 상품을 배편으로 수송하다 보니 상품이 일본 창고를 출발한 뒤 유럽 창고에 도착하기까지 약 2개월이나 걸렸다는 것이다. 그래서 처음에는 일본에서 판매 수량과 재고 상황을 파악하지 못했던 탓에 유럽에서 주문이 들어온 후에야 재고 수배에 나설 지경이었다. 당연히 정확한 수량을 주문하지 못한 데다 상품이 도착하는 데 시간이 너무 오래 걸려 팔고 싶어도 팔지 못하는 사태가 속출했다.

소매업의 경우 이런 재고 결품에 의한 기회 손실이 매우 심각한 피해를 끼친다. 매출을 떨어뜨릴 뿐만 아니라 고객의 신뢰도를 떨어뜨리기 때문이다.

이처럼 유럽에 매장은 있었지만 상품 공급 시스템이 불안정했기에 유럽 상품부 직원들은 팔고 싶어도 팔 수 없는 상황을 안타까워했다. 그래서 문제를 해결하기 위해 유럽 전용 상품을 조달하는 방법을 자연스럽게 채택한 것이다. 유럽 상품부는 일본과 마찬가지로 생산을 위탁할 공장을 찾아 MUJI 전용 상품의 제작을 의뢰했고 그렇게 생산된 상품에 MUJI 태그를 붙여 판매했다.

2000년대 중반까지 유럽 상품부는 수건과 시트 등 직물 상품을 터키와 포르투갈에서 만들고 가구를 덴마크에서 만들었다. 간접 조명을 즐기는 유럽인을 위한 전용 상품을 개발하기도 했다. 조리 기구 분야에서도 향신료를 으깨는 봉처럼 일본의 MUJI에는 없는 유럽 전용 상품을 개발했다.

유럽의 독자 개발에서 일본의 집중 개발로

런던에 위치한 유럽 상품부는 이와 같이 유럽 전용 상품을 개발하여 유럽의 각 매장에 공급했다. 그러나 유럽 매장이 점점 늘어나는 중에 일본에서 유럽 매장으로 출장을 간 직원이 '유럽 MUJI와 일본 무인양품은 구색과 분위기가 크게 다르다'고 지적했고, 그것을 계기로 개혁이 시작되었다.

개혁의 1단계에서는 일본의 개발 책임자가 유럽에 부임하여 유럽의 상품 개발 업무를 관리하기 시작했다. 그래서 상품은 유럽에서 만들더라도 그 과정을 일본인 상품 개발 전문가가 지도하고 확인하게 되었다. MUJI의 콘셉트에서 크게 벗어났다고 판단되는 상품은 판매가 중지되었고, 이에 유럽 MUJI와 일본 MUJI는 조금씩 가까워졌다.

2단계로 일본의 상품 개발자가 일본에서 유럽용 상품을 개발하기 시작했다. 개혁 1단계가 마무리된 2008년에 일본에서 파견되었던 두 명의 주재원이 본국으로 귀국했고 일본의 상품부 안에 해외 상품 담당이라는 부서가 만들어진 것이다.

이 부서는 상품 개발을 중단한 유럽 상품부 대신 일본에서 유럽 전용 상품을 만들었다. 개발자는 일본에 있으면서 유럽의 고객 동향을 청취하여 상품을 개발했다. 한편 유럽 상품부의 주요 업무는 본부에 상품 주문을 넣고 그것을 유럽 전역에 공급하는 것으로 축소되었다. 개인적으로는, 이 부서가 생겼을 때 해외 상품을 담당하고 있어서 성탄절 선물 개발에 참여했던 기억이 난다.

체제가 이렇게 변경되기 전까지 본부 상품 개발자는 일본 고객의 필요만을 파악하여 상품을 개발했다. 또 일본에서 제작된 상품을 외국의 규제에 맞게 수정하여 해외로 내보내는 역할을 했다.

마지막으로 3단계에서는 일본의 상품 개발자가 전 세계 시장의 동향을 파악하여 상품을 개발하기 시작했다. 이 단계에서 일본의 상품 개발자는 일본 시장뿐만 아니라 해외 시장의 동향을 처음부터 고려하여 상품을 개발한다. 현재도 이 부분은 시행착오를 거치며 시스템을 고쳐나가는 중이다.

지금은 해외 매장에서도 상품을 그대로 판매할 수 있도록, 모든 상품 태그에 영어와 현지어 등을 추가하고 있다.

MUJI는 이처럼, 불과 10년 사이에 상품 개발 시스템과 판매 시스템을 대폭 수정했다. 그리고 일본의 독자적 상품을 통한 세계 표준화를 추진하고 있다.

CHAPTER 9

MUJI를 세계에 소개한다

이탈리아 1호점 프로젝트

고객이 줄을 잇고 상품이 날개 돋친 듯 팔리다

나는 2004년 밀라노의 이탈리아 1호점 개설 프로젝트를 계기로 MUJI와 인연을 맺게 되었다.

당시 나는 밀라노에서 유통과 소매업을 배우는 학생이었는데, 일본과 이탈리아를 연결하는 무역업에 종사하거나 유통회사의 매입 담당자로 일하고 싶었다. 그런데 마침 인턴으로 일했던 이탈리아 상사(商社)에서 '일본과의 상거래를 성립시키라'는 과제를 받았고, 그래서 실현 가능한 비즈니스를 이것저것 생각하다 보니 머릿속에 가장 먼저 'MUJI의 상품을 수입하자'는 아이디어가 떠올랐다.

나는 일본에 있을 때부터 구색이 폭넓은 데도 불구하고 상품마다 '이유'가 있는 MUJI를 무척 좋아했다. 화려하고 개성 넘치는 디자인 브랜드가 많은 이탈리아이기 때문에 군더더기 없이 심플하고 일본적인 MUJI 상품의 매력이 더욱 돋보일 것이라 생각했다.

런던과 파리에서 MUJI 매장을 접했던 이탈리아 친구도 '일본과 비즈니스를 한다면 MUJI를 이탈리아에 수입하는 게 어떻겠느냐'라고 충고해 주었다. 때마침 2003년 밀라노 살로네 (이탈리아 국제 가구 견본 전시)에 MUJI가 참여했지만, 당시 이탈리아 내에서 MUJI는 디자인 정보에 민감한 사람들만 아는 정도의 브랜드였다.

그러나 나는 내 직감과 주위 의견에 의지하여 MUJI가 이탈리아에서 인기를 끌 것이라 확신했다.

그 후 우여곡절을 거쳐 2004년 12월 10일, 드디어 밀라노 매장이 문을 열었다. 그 모든 과정은 내가 기대한 그대로였다. MUJI의 상륙은 개장 전날 '코리에레 델라 세라(Corriere della Sera)'라는 이탈리아 신문의 밀라노판에 '일본의 상표 없는 브랜드가 밀라노를 제패한다(Il Giappone n logo conquista la città)'라는 제목으로 크게 소개되었다. 이 기사에서는 런던, 파리에 이어 밀라노에도 MUJI 매장이 생긴다는 사실을 알리고 'MUJI'의 의미(브랜드 로고를 붙이지 않는 양질의 상품)를 해설했으며 MUJI를 선(ZEN)의 분위기가 감도는 브랜드로 묘사했다 (참고로 이 기사의 사진에 등장한 여성이 나다. 마침 동료들과 진열 작업을 하면서 손에서 손으로 짐을 나르고 있을 때 사진에 찍혔다).

개장 전날인 2004년 12월 9일자 신문 기사

MUJI를 세계에 소개한다

2004년 12월 10일에 문을 연 이탈리아 1호점(Corso Buenos Aires점) © 마스다 아키코, 2004

　매장 문이 열리자마자 고객들이 밀려들어 선반에 있는 상품을 구매하기 시작했다. 나도 바쁘게 창고에 있던 상품을 차례차례 선반에 진열했다. 상품은 진열하자마자 금세 팔려나갔다. MUJI에 대한 이탈리아인의 기대감과 성탄절의 성수기가 겹친 덕분에 이탈리아 1호점의 첫날은 축제 분위기였다.

개장한 후 며칠 동안은 고객의 행렬이 길게 이어져
입장 인원을 제한해야 했다.

마침 성탄절이 얼마 안 남은 때여서 선물용 상품이
날개 돋친 듯 팔렸다.

일본 MUJI에 '수입을 허락해 달라'는 메일을 보내다

내가 MUJI 상품을 이탈리아에 수입하겠다고 결심한 후 처음으로 한 일은, 무모하게도 일본의 본부에 '무인양품 상품을 수입하게 해 달라'는 메일을 보낸 것이었다. 그러자 일본의 해외 사업부에서 런던의 '양품계획 유럽(Ryohin Keikaku Europe)'이라는 유럽 총괄 자회사로 내 요청을 전달했고 덕분에 당시 그 회사의 사장이었던 스즈키 게이(鈴木啓, 현 임원 겸 생활 잡화 부장)를 만날 수 있었다.

마침 다니던 대학의 석사 과정을 곧 마칠 예정이었고 노동 비자도 있어서 2004년 여름부터 런던에 있는 MUJI의 유럽 총괄 자회사에서 인턴으로 일하게 되었다. 영국에 축적된 MUJI의 점포 운영 시스템을 이탈리아에 도입할 기회를 잡은 셈이었다.

이탈리아에서 유통을 공부하기는 했지만 소매업에서 직접 일한 경험은 처음이었다. 런던의 매장에서는 상품 진열과 접객을 일주일 정도 체험했다. 그때까지 고객이었던 내가 반대의 입장이 되어 접객, 진열, 점포 정리를 하게 된 것이다. 일본에서 온 주재원에게 소매업의 기본을 배우기도 했다. 이곳에서의 인턴 생활은 점포의 다양한 기본 업무를 이해하게 된 귀중한 기회였다.

당시는 MUJI 상품의 구색이 세계적으로 통일되기 전이었고 매장 구성도 나라마다 제각각이었다. 나는 런던 점포를 경험하며 런던의 MUJI가 일본의 무인양품과 전혀 다른 것을 실감했다. 상품 구색이 달랐고 매장 내 배경음악도 달랐으며 매장 직원들이 데님 앞치마를 입고 일하는 것[54]도 달랐다.

그런데 그것 말고도 무언가 전체적으로 달랐다. 일본의 무인양품과 유럽의 MUJI는 전혀 다른 브랜드였다. 당시 유럽의 MUJI 팬 사이에서는 재미 삼아 유럽 전용 상품을 찾아내는 놀이가 화제가 되기도 했다.[55]

어쨌든 런던에서 인턴 생활을 마치고 이탈리아에 돌아온 후 본격적인 매장 개설 준비에 들어갔다. 'MUJI 이탈리아'라는 회사가 생겼고, 일본에서 파견된 주재원도 도착하여 그를 중심으로 준비가 착착 진행되었다. 'MUJI 이탈리아'에는 양품계획뿐만 아니라 미쓰비시 상사도 출자하였으므로 사무실은 미쓰비시 상사의 밀라노 사무실 안에 마련되었다. 거기서 매장이 생길 코르소 부에노스 아이레스(Corso Buenos Aires)까지는 걸어서 15분 정도 거리였는데 매일 그 길을 왕복했다.

이 쇼핑 거리는 밀라노에서도 캐주얼한 브랜드가 즐비한 곳으로 꼽힌다. 앞서가는 패션 브랜드가 많은 몬테 나폴레오네(Monte Napoleone)나 세련된 브랜드가 많은 브레라(Brera) 거리와는 달리 서민적 브랜드가 많은 곳이었다. 처음에 나는 밀라노 사람들이 MUJI를 세련된 디자인 브랜드로 보고 있으니 브레라 거리 또는 인테리어 매장이 많은 산 바빌라(San Babila) 주변에 1호점을 내야 하는 게 아닐까 생각했다. 그러나 지금 생각하면 친숙한 서민 쇼핑가여서 유동 인구도 많았고 임대료도 쌌던 데다, 무엇보다 MUJI다워서 좋았다고 생각한다.

밀라노 MUJI 1호점

개점 준비가 시작되자 점장과 부점장 두 명이 채용되었다. 채용 심사 기준은 소매업 경험과 리더십, 영어회화 가능 여부 등이 우선시되었다. 그 둘은 런던에서 연수를 받으며 'MUJI란 무엇인가?', '매장을 어떻게 운영해야 하는가?'를 배웠다.

점포 운영 매뉴얼은 런던에서 쓰던 영어 매뉴얼을 이탈리아어로 번역하여 만들었다. 그런데 런던의 매뉴얼은 일본의 '무지그램(MUJIGRAM)'을 참고하여 자체적으로 만든 것이었다. 번역은 이탈리아 간부들끼리 의논한 결과 이탈리아인 부점장이 직접 하게 되었다(나중에 일본의 매뉴얼을 이탈리아어로 직접 번역하여 새로 만들었음).

매뉴얼을 만든 뒤 매장 직원을 채용하여 이를 바탕으로 교육하기 시작했다.

매장 직원을 교육하며 가장 중시했던 점은 그들에게 'MUJI는 어떤 브랜드인가?', 'MUJI는 어떤 상품을 취급하는가?'를 이해시키는 것이었다. 점포 직원은 고객을 직접 대하므로 한 사람 한 사람이 MUJI의 대변자가 되어야 한다.

그러나 MUJI는 이탈리아에 처음 등장하는 브랜드이므로 직원을 교육하기가 쉽지 않았다. 당시에는 일본에서 들어온 상품에 일본어 태그가 그대로 달려 있어서 상품 내용을 전달하기도 어려웠다. 먼저 개장했던 런던 매장조차 대부분의 점포에 일본인 직원이 있어서 그들의 도움으로 가까스로 영업을 꾸려나가는 상태였다.

무엇보다 고객에게 '이유'를 제대로 전하기가 어려웠다. 예전부터 MUJI 상품의 '이유'를 읽어보기 좋아했던 나로서는 해외에 수출된 상품이 일본어 태그를 그대로 달고 있다는 사실에 적잖이 놀랐다. '아깝다. 의미를 전달하면 더 잘 팔릴 텐데'라고 생각했다. 이런저런 생각을 하면서 이탈리아 1호점을 만들어나갔다.

그로부터 1년 후, 일본의 양품계획에 입사하여 본사 상품부에서 상품을 개발하면서도 '상품의 이유를 좀 더 잘 전달하고 싶다', '해외 판매까지 고려한 포장과 태그를 만들어야겠다'라는 생각을 잊은 적이 없다. 그리고 결국은 그 문제를 해결하는 업무를 담당하게 되었다.

그러나 해결은 간단하지 않았다. 효율을 중시하여 글로벌하게 통일할지, 국가와 지역별로 대응할지 판단하는 것부터 어려웠기 때문이다. 이것은 내가 MBA에서 공부하면서도, 그 이후에도 줄곧 시행착오를 거치며 고민 중인 주제다. 각국의 고객과 직원에게 의도를 제대로 전달할 방법을 찾지 못할 때마다 이탈리아 점포의 직원들이 힘들어 했던 생각이 나서 애가 탄다. 지금도 진출 국가가 계속 늘어나고 있으므로 매일 고민하면서 그때그때의 상황에 대처하는 상황이다.

회사란 어느 날 갑자기 완벽한 대응을 하게 되는 조직이 아니다. 그래도 엄청난 기세로 진출 국가를 늘리고 점포를 개설하면서도 한 걸음 한 걸음 착실히 글로벌화를 진전시켰으니 대단한 회사인 것만은 분명하다고 생각한다.

이탈리아 1호점 때의 기억이 떠오른다. 그때는 비행기를 타고 밀라노와 런던을 오갈 때마다 이탈리아와 영국, 알프스의 풍경을 내려다보며 생각했다. '내가 MUJI를 이탈리아에 소개하겠다는 꿈을 조금씩 실현시키고 있구나.' 두근거리는 가슴은 충만함과 의욕으로 가득했다.

그래도 무엇보다 멋진 추억은, 개점 전에 밤중까지 상품 진열을 마치고 다함께 피자를 배달시켜 먹은 일이었다. 몸은 피곤했지만, 하나의 목표를 향해 즐겁게 최선을 다하고 나서 'MUJI 피자!!'라고 외치며 먹었던 그 피자는 이탈리아에서 맛본 어떤 피자보다 달콤했다. 아무리 바빠도 앞으로 벌어질 일을 상상하다 보면 '이탈리아에 MUJI를 소개할 수 있어!'라는 생각으로 가슴이 뛰던 시절이었다.

변하는 것과 변하지 않는 것

MUJI에 대한 책을 쓰는 것에 대해 주저한 적이 있었다. 내가 MUJI와 직접 관계를 맺은 세월이 10년에 불과하기 때문이다. 그래서 '상표 없는 브랜드'로 출발한 MUJI의 이야기를 감히 내가 해도 될까, 하는 마음도 있었다.

하지만 나에게 많은 것을 가르쳐준 MUJI에 대해 언젠가 꼭 책으로 쓰고 싶다고 생각한 것도 사실이다. MUJI는 알면 알수록 심오한 브랜드다. 시대를 따라 끊임없이 변화하였으나 변하지 않는 본질은 여전하다. 그런 점에서 MUJI에게 배울 것이 무척 많다.

나는 2004년 이탈리아 1호점 개점 때 처음 만난 MUJI를 줄곧 관심 어린 눈으로 지켜봐 왔다. MUJI는 MBA와 박사 과정을 거쳐 연구자, 교육자가 된 지금의 나에게도 여전히 흥미로운 연구 주제다.

이번 책에서는 MUJI에 관한 내부적 관점(경험)과 외부적 관점(이론)을 한꺼번에 다루었다. 재직했을 당시에는 MUJI가 좀더 이론적인 합리성을 따랐으면 좋겠다는 생각도 했지만 지금은 MUJI가 비합리적인 부분, 이론에 맞지 않는 부분을 고수한 덕분에 유일무이한 존재로 남을 수 있었다고 생각한다. 경쟁 타사가 아무리 MUJI와 비슷한 상품을 만들어낸다 해도 MUJI의 근간을 이루는 사명감, 즉 '사람들의 생활과 사회에 도움이 되겠다'는 마음이 없다면 동일한 세계관을 결코 표현할 수 없다.

10년 전에 내가 겪었던 이탈리아 1호점의 개점 이야기를 마지막 장에서 소개했는데, 새로운 나라나 지역에 진출할 때의 상황은 지금도 똑같을 것이라 생각한다. 새로운 점포는 그 나라, 그 지역에서 환영받을 수 있을까 하는 불안감과 기대감 사이를 오가는 가운데, 현지 직원들과 본국 직원들의 협력으로 만들어진다. 문화의 벽을 넘어서서 무언가를 함께 만들어내는 감동은 여전하리라 믿는다.

요즘 대학에서 학생들을 접하면서 느끼는 점인데, 지금의 젊은이들은 다른 문화와의 만남을 두려워하지 않고 기꺼이 뛰어들어 부딪히려 한다. 큰 벽은 있을지 몰라도 인간의 본질적인 감정과 공감하는 마음은 똑같기 때문일 것이다. 서로의 차이를 인정하고 함께 무언가를 만들어낸다면 더 큰 것을 얻을 수 있다. 혼자일 때보다 다 함께 만들어나갈 때 더 큰 일, 사회에 영향을 미칠 만한 일을 해 낼 수 있다.

그러니 교실에서 책으로만 공부했던 사람은 밖으로 나가 현장을 배우고, 현장에서 고생했던 사람은 배움의 장으로 다시 돌아가기를 권한다. 나는 그 두 가지가 똑같이 중요하다고 생각한다.

나 역시 예전에 실무에서 분투할 때면 '교과서적인 이론을 현장에 대입하면 어떻게 될까'라고 자문했고, 요즘처럼 연구실에서 고민할 때면 이 이론이 실제 사회에서 효과가 있을지 생각해 본다.

이런 관점, 즉 이 책을 있게 한 내 배움의 기초는 와세다(早稻田) 대학 비즈니스 스쿨의 우치다 가즈나리(内田和成) 교수(시장 경쟁 전략), 같은 대학 상학 연구과 박사 후기 과정의 주임으로 세미나를 진행했던 온조 나오토 교수(마케팅 전략), 부주임인 사카노 도모아키 교수(경영 전략), 그리고 그들 휘하의 세미나 동료들과 함께 연구하는 과정을 통해 다져졌다. 아직 연구자로서는 신참이지만 실무에 '도움이 되는' 연구를 계속하고 싶다. 언제나 엄하면서도 따뜻한 지도를 아끼지 않는 분들께 이 자리를 빌려 감사를 전하고 싶다.

항상 바쁜 양품계획의 직원들께도 이 책을 쓰기 위해 인터뷰 등의 다양한 협력을 받았다. 가나이 마사아키 회장, 스즈키 게이 대표이사, 야노 나오코 생활 잡화부 기획 디자인 실장께는 특히 이 자리를 빌려 감사드린다.

가나이 회장은 내가 MUJI에 있는 동안 다양한 프로젝트를 통해 'MUJI란 무엇인가?'를 계속 질문하며 생각하게 만들었다. 또 이 책을 집필하기 위한 인터뷰에서는 내가 MUJI 사원 시절에 묻지 못했던 것까지 직접 묻고 이해하여 그 내용을 이 책에 소개할 수 있었다.

스즈키 대표는 내가 이탈리아에서 처음 만난 MUJI의 유럽 책임자로, 귀국 후 MBA를 딸 때는 인사 부장으로, 그리고 MUJI×JICA 프로젝트를 실현시키겠다는 뜻을 품었을 때는 생활 잡화 부장으로, 그 외에도 중요한 순간마다 중요한 자리에서 도움을 주었다. 사원의 마음과 성장을 진심으로 응원해 주는 것을 느끼며 항상 감사하고 있다.

야노 실장은 내가 이탈리아에서 귀국하자마자 곧바로 'Found MUJI'를 담당하게 되었을 때 MUJI다운 상품 기획 방식, 사고방식을 가르쳐주었다.

해외 상품 담당으로서 일할 때는 상사였던 스즈키 다카에(鈴木孝枝) 씨에게 많은 신세를 졌다. 그 외에도, 한 사람 한 사람의 이름을 다 말할 수는 없지만, 재직 중에 나와 함께 일했던 모든 분들께 감사를 전한다. MUJI를 사랑하는 그들과 MUJI를 이야기했던 시간이 좋은 추억으로 남아 있다. 홍보부의 오구리 마리코(大栗麻理子) 과장 역시 책 내용 확인과 인터뷰 시간 조정 등을 도와주셨다. 감사를 드린다.

이 책은 내가 처음으로 출간하는 단독 저서다. 책을 통해 MUJI를 많은 사람에게 전하고 싶다는 열망은 뜨거웠지만 어떻게 정리해야 독자가 쉽게 이해할 수 있을지 고민도 많았다. 그래서 집필에 관해 닛케이 BP사의 나가사키 다카시(長崎隆司) 씨의 조언을 많이 받았다. 다시금 감사드린다.

마지막으로 내 인생에 많은 기회를 주셨던 아버지 시게오(重雄) 씨와 어머니 요코(陽子) 씨, 그리고 언제나 친절한 조언을 아끼지 않았던 여동생 스미코(澄子)에게도 이 자리를 빌려 감사한 마음을 전하고 싶다. 그리고 이 책의 집필을 적극적으로 도와준 요리 잘하는 남편 미쓰히로(光広) 씨와 한 살배기 딸 아이(愛), 내 소중한 가족이자 일상의 행복의 원천인 두 사람에게도 진심으로 고마운 마음을 전하고 싶다. 언제나 고마워!

2016년 10월
마스다 아키코

1 스타벅스는 집을 '제1의 공간', 직장을 '제2의 공간', 스타벅스 매장을 '제3의 공간'으로 정의하고 고객에게 커피를 여유롭게 즐길 수 있는 공간을 제공하는 데 힘썼다. 최근 '스타벅스 네이버후드 스토어' 등 새로운 사업 영역을 개척할 때에도 똑같은 전략이 쓰였다. '스타벅스의 환대 디자인(スターバックスのおもてなしデザイン)', 《닛케이 디자인》 2016년 9월호

2 수입 일본 문구의 영향으로 요즘 아시아 지역에서는 B사이즈도 널리 사용되는 듯하다. (2016년 10월 4일 양품계획에서 청취한 정보)

3 '미니멀리스트가 엄선한 무인양품 베스트 10(ミニマリストが厳選する無印良品ベスト 10)' 야마구치 세이코, 도요게이자이 온라인, 2016년 2월 29일 (http://toyokeizai.net/articles/_/104985)

4 『게임 체인저의 경쟁 전략(ゲーム・チェンジャーの競争戦略)』 우치다 가즈나리 편저, 니혼게이자이신문 출판사, 2015

5 소프스톤은 비누처럼 부드러운 재질의 돌로, 케냐 서부의 키시이(Kisii) 지방에서 채굴된다. 이 돌을 조각하거나 해외 등으로 수출하는 사업이 현지의 귀중한 현금 수입원이 되고 있다.

6 무인양품의 모든 상품에는 그것이 만들어진 '이유'가 있다. '무인양품의 이유'라는 홍보물에도 각각의 상품 설명이 기재되어 있다.(https://www.muji.net/catalog/wake01/#1)

7 양품계획 홈페이지 '경영자 대담 제3회 – 무인양품 디자인은 질과 아름다움을 겸비한 평범한 물건을 찾아내는 작업(トップ対談 第三回 無印良品のデザインは質と美しさを持った普通を探り当てる作業)', (http://ryohin-keikaku.jp/csr/interview/003.html)

8 Mogilner, C., J. Aaker, and S. D. Kamvar(2012), "How Happi-ness Affects Choice," Journal of Consumer Research, 39(2), 429–443.

9 Ying-Ching, L. and C. A. Chang(2012), "Double Standard: The Role

of Environmental Consciousness in Green Product Usage," Journal of Marketing, 76(5), 125–134.

10 Cuddy, A. J. C., P. Glick, and A. Beninger(2011), "The Dynam-ics of Warmth and Competence Judgments, and Their Outcomes in Organizations," Research in Organizational Behavior, 31, 73–98.

11 Cuddy, A. J. C., M. Kohut, and J. Neffinger(2013), "Connect, Then Lead," Harvard Business Review, 91(7–8), 54–61.

12 일본 서부에서는 MUJI 캐널시티 하카타(博多)가, 일본 동부에서는 무인양품 유라쿠초(有楽町)가 'MUJI BOOKS'를 도입한 최초의 점포다. 한번 둘러보기를 권한다.

13 Swinyard,W. R.(1993), "The Effects of Mood, Involvement, and Quality of Store Experience on Shopping Intentions" Journal of Consumer Research, 20(2), 271–280.

14 • Donovan, R.J. and J. R. Rossiter(1994), "Store Atmosphere and Purchasing Behavior," Journal of Retailing, 70(3) , 283–294.

　• Bitner, M. J.(1992), "Servicescapes : The Impact of Physical Surroundings on Customers and Employees," Journal of Mar–keting, 56(2), 57–71.

　• Baker, J., A.Parasuraman, D. Grewal and G.B. Voss(2002), "The Influence of Multiple Store Environment Cues on Per–ceived Merchandise Value and Patronage Intentions," Journal of Marketing, 66(2), 120–141.

15 Assael, H.(2004) "Consumer behavior : A Strategic approach" Houghton Mifflin.

16 Babin, Barry J., W. R. Darden, and M. Griffin(1994), "Work and/ or Fun : Measuring Hedonic and Utilitarian Shopping Value," Journal of Consumer Research, 20(4), 644–656.

17 야나기 무네요시(1889~1961)가 창설한 전통 공예품을 보관·전시하는 미술관.

도쿄 메구로 구.

18 야나기 무네요시와 공동으로 민예 운동을 주도한 도예가 하마다 쇼지(濱田庄司, 1894~1978)의 옛 집에 세계에서 수집한 민예품이 전시되어 있다. 도치기(栃木) 현 마시코(益子) 정.

19 '생활의 니즈, 합리적인 느낌으로(生活の=_ーズ'値ごろ感で)', 니혼게이자이신문, 2016년 3월 20일

20 양품계획 홈페이지 '경영자 대담 제3회 – 무인양품 디자인은 질과 아름다움을 겸비한 평범한 물건을 찾아내는 작업'

21 『무인양품 디자인』, 미디어샘, 2016~2017

22 『100분 명저 오카쿠라 덴신의 차 이야기(100分de名著 岡倉天心 茶の本)』 오쿠보 다카키 저, NHK 출판, 2015

23 '고객 참여형 상품 개발 : 주식회사 양품계획 무인양품(顧客参加型の商品開発「株式会社良品計画 無印良品」)', 마스다 아키코, 온조 나오토(2011), 《마케팅 저널》 122호

24 '양품계획, 경기 불황에도 중국 사업 호조(良品計画, 景気減速でも中国好調)', 닛케이산교(日経産業) 신문, 2015년 10월 15일

25 『대담 : 선과 일본 문화(対談 禅と日本文化)』 스즈키 다이세쓰 저, 기타가와 모모오(北川桃雄) 역, 고단샤 인터내셔널, 2005 : 오리지널은 1938년 발행된 『Zen Buddhism and its Influence on Japanese Culture』(The Eastern Buddhist Society)이며, 일본어판은 1940년 발행된 이와나미신쇼(岩波親書) 『선과 일본 문화』이다.

26 『왜 나는 항상 결심만 할까?』, 켈리 맥고니걸, 알키, 2012

27 '실리콘밸리가 지금 다시 선에 탐닉하는 이유(シリコンバレ_がいままた「禅」にはまる理由)', 《WIRED》 vol.9, 2013년 12월 29일 (http://wired.jp/2-13/12/29/enlightenment-engineers-vol9/)

28 양품계획 홈페이지 '경영자 대담 제3회 – 무인양품 디자인은 질과 아름다움을 겸비한 평범한 물건을 찾아내는 작업'

29 롱셀러였던 단화를 마쓰에(松江) 공업고등전문학교와의 공동 연구로 개량한 결과 '심플하고 예쁘고 신기 쉽고 발이 피로해지지 않는다'며 남녀노소가 다 좋은 반응을 보여 히트 상품이 된 사례가 최근에 있었다. 프로젝트의 상세 내용은 양품계획 홈페이지에 실려 있다. (www.muji.net/lab/project/sneakers/)

30 양품계획 홈페이지 '베터워크 계획 참여'(http://ryohin-keikaku.jp/csr/list/list_068.html)

31 '10년 이상 사랑받는 무인양품의 롱 셀러 아이템을 모았습니다(十年以上愛されている「無印良品のロングセラ―アイテム集めました」)', 키나리노(kinarino.jp), 2015년 1월 9일

32 엘리펀트 디자인은 2001년부터 '공상생활(空想生活)'이라는 인터넷 사이트에서 사용자의 '공상'을 실현해 주는 사업을 운영했다. 또 2007년부터는 무인양품과 함께 '공상무인(空想無印)'이라는 인터넷 커뮤니티를 만들어 사용자의 아이디어를 상품화하는 프로젝트를 진행했다. 여기서 개발된 대표 상품이 '푹신 소파', '갖고 다니는 등불' 등이다. (https://www.muji.net/community/mono/cuusoo/

33 유저 이노베이션이란 에릭 폰 히펠(Eric Von Hippel)이 제창한 개념으로, 유저(사용자)가 자신의 목적을 달성하기 위해 실시하는 이노베이션을 말한다. 기업의 상품 개발에 고객이 참여함으로써 사용자의 필요에 더 잘 맞는 상품을 개발하는 것을 의미하기도 한다. 『유저 이노베이션 : 소비자에게서 시작되는 모노즈쿠리의 미래(ユ_ザ_イノベ_ション : 消費者から始まるもの作りの未来)』, 오가와 스스무(小川進), 도요게이자이신보샤, 2013

34 양품계획 홈페이지 '로컬 닛폰'(http://localnippon.muji.com)

35 Porter, M. E. and M. R. Kramer (2011), "Creating Shared Value," Harvard Business Review, 89(1/2), 62-77.

36 인클루시브 비즈니스(Indusive business)란 BOP(Bottom of Pyramid, 최하위 계층)를 소비자, 생산자, 유통업자, 혹은 소매업자로 규정하고 가치사슬(Value Chain)로 연결한 사업 모델로서, 하나의 엄연한 비즈니스로 성립될 뿐만 아니

라 향후 규모가 더욱 확대될 것으로 기대하는 사업 모델이다. 자선 사업이나 사회적 책임 활동(CSR)과는 다른, 기업의 본업이 될 수 있는 비즈니스 모델이기도 하다. 인클루시브 비즈니스는 45억 명에 달하는 BOP를 고객으로 만들 잠재력을 갖고 있다. IFC(국제 금융공사)는 그 경제적 규모가 약 5조 달러에 이른다고 밝혔다.

(http://www.ifc.org/wps/wcm/connect/Multilingual_Ext_Content/IFC_External_Corporate_Site/IFC_Home_Japan/Topics/BOP+business)

37 • MUJI×JICA 프로젝트는 2013년 아시아 소매업 최초로 UNDP가 주도하는 '비즈니스 행동 요청'의 승인을 받아 IFC의 '인클루시브 비즈니스 리더상'을 수상했다.

(http://ryohin-keikaku.jp/news/2013_1111_02.html)

• 이 활동은 페르난도 카사도 카네케(Fernando Casado Caneque), 스튜어트 L. 하트(Stuart L. Heart) 편저의 『Base of the Pyramid 3.0』(Greenleaf, 2015)에서도 높은 평가를 받았다. 필자인 BoP 글로벌 네트워크 저팬 대표이사 히라모토 도쿠타로(平本督太郞)는 일본어판에 실린 특별 챕터에서 '양품계획의 도전은 단순히 수공업자의 기술을 향상시켜 국제적 시장에 참여시키고 그의 소득을 높이는 일이 아니다. 그것은 생산성 향상에 따른 환경 파괴 등의 현상이 글로벌화의 물결 속에서 개발도상국의 전통 공예까지 잠식하는 사태를 저지하는 일이기도 하다'라고 말했다.

38 • 『유쾌한 크리에이티브』, 톰 켈리, 데이비드 켈리, 청림출판, 2014
• 『디자인에 집중하라』, 팀 브라운, 김영사, 2014
• 『유쾌한 이노베이션』, 톰 켈리, 조너선 리트먼, 세종서적, 2002
• 『이노베이터의 10가지 얼굴』, 톰 켈리, 조너선 리트먼, 세종서적, 2007

39 『유쾌한 크리에이티브』에 따르면, 디자인 사고자들은 MRI를 받는 어린이의 불안과 공포를 완화하기 위해 MRI 검사 과정을 '모험'으로 바꾸었다. 어린 환자가 해적선 그림이 그려진 MRI 기계에 들어가면 검사원이 '이제 해적선을 타고 바다를 여행할 테니 배 안에서 얌전히 있어야 해요'라고 말한다는 것이다. (GE

헬스케어가 개발한 '어드벤처 시리즈' 검사 기기의 사례임 – 역주)

40 '고객 참여형 상품개발〔주식회사 양품계획 무인양품〕', 마스다 아키코, 온조 나오토, 2011,《마케팅 저널》122호.

41 『디자인에 집중하라』, 팀 브라운, 김영사, 2014

42 2009년 아시아 소비 트렌드 연구회 보고서, 경제산업성, 2010
(http://www.meti.go.jp/report/data/g100329aj.html)

43 '키티는 일을 가리지 않는다(「キティ」は仕事を選ばない)', 닛케이비즈니스, 2013년 5월 20일
(http://business.nikkeibp.co.jp/article/NBD/20130510/247877/?ST=pc)

44 일례로 베트남 역시 한국 기업의 투자처 중 하나인데, 아래 자료 28쪽을 보면 '베트남에서는 드라마 등 한류 인기가 탄탄하여 한국 소비재 브랜드의 판매를 촉진한다. 한류는 한국 기업이 비즈니스를 전개하는 데 든든한 지원군이 되고 있다'라고 언급했다.

'한국기업의 해외 비즈니스 전략(韓国企業の化がビジネス戦略)' 일본무역진흥기구(JETRO) 해외조사부, 2014년 3월
(https://www.jetro.go.jp/ext_images/jfile/report/07001638/07001638.pdf)

45 • Chaiken, S.(1980), "Heuristic Versus Systematic Information Processing and the Use of Source Versus Message Cues in Persuasion," Journal of Personality and Social Psychology, 39(5), 752–766.

• Chaiken, S. and C. Stangor(1987), "Attitudes and Attitude Change," Annual Review of Psychology, 38(1), 575–630.

46 Sundar, S. S.(2000), "Multimedia Effects on Processing and Per–ception of Online News: A Study of Picture, Audio, and Video Downloads," Journalism and Mass Communication Quarterly, 77(3), 480–499.

47 이케아에는 상품에 이름을 붙일 때의 기본적인 원칙이 있다. 소파나 암체어 등은 지명, 욕실 용품은 호수나 강 이름, 조명 기구에는 음악·과학·기상에 관한 단어, 원단이나 커튼은 스웨덴 여성의 이름, 의자나 책상은 스웨덴 남성의 이

름, 아동 용품은 포유류나 조류 이름, 정원 용품과 발코니, 아웃도어용 가구는 스웨덴의 섬 이름, 침대 깔개나 커버는 꽃·식물·보석 이름을 상품명에 넣는 것이다.

'아무도 모르는 이케아 상품명의 비밀', 마이내비우먼, 2013년 10월 24일

(http://woman.mynavi.jp/article/131024-044)

48 Hall, Edward, T.(1976), Beyond Culture, Anchor Books.

이 외에 실제 비즈니스 현장의 고맥락과 저맥락을 설명한 책으로 에린 메이어 (Erin Meyer)의 『컬처 맵』(열린책들, 2016)이 있다.

49 『생각의 지도』, 리처드 니스벳, 김영사, 2004

50 • Hofstede, G.(1991), Cultures and Organizations: Software of the Mind, McGrow-Hill.

  • Hofstede, G.(1980), Culture's Consequences: International Differences in Work-Related Values.

  • 이 원저 외에 국제경영 교과서인 아사카와 가즈히로(浅川和宏)의 『글로벌 경영입문(グローバル経営入門)』에도 자세한 내용이 나와 있다.

51 1991년에 호프스테드는 '문화란 한 집단의 구성원을 다른 집단의 구성원들과 구분하는 집합적인 심리 프로그램'이라고 말했다. 같은 해에 테르프스트라 (Terpstra)와 데이비드(David)는 '문화란 학습되고 공유되고 강제력이 있으며 상호관계에 있는 일련의 상징의 집합으로, 그것들의 의미는 사회 구성원에게 일정한 방향성을 부여한다. 이 방향성은 다양한 사회가 총체적으로 존속하기 위해 해결해야 할 문제의 방책을 제시한다'라고 말했다.

52 2016년 양품계획 연간 보고

(http://Ryohin-keikaku.jp/balance/pdf/annualreport_2016.pdf)

53 '자체 브랜드를 보유한 전문소매업의 국제화를 위한 고객 인지 격차의 고찰 ~MUJI의 사례~(ストアブランドを持つ専門小売業の国際化における顧客認知キャップの考察~MUJIの事例~)', 마스다 아키코의 와세다 대학 상학연구과 전문직 학위논문, 2010

54 일본의 무인양품 직원들도 한때 데님 앞치마를 입었는데 유럽 직원들이 그것
을 답습했다. 이후 일본 도쿄 매장에서는 데님 앞치마 대신 MUJI에서 판매하
는 옷을 착용하는 것이 규칙이 되었다. 한편 지방과 유럽 매장에서는 사복 위에
MUJI의 앞치마를 착용하는 것이 규칙이었다.

55 '이거 MUJI 맞아?(えっ´これもMUJI?)', 《리얼 디자인》 2009년 5월 1일, 에이
(枻)출판사

무인양품, 보이지 않는 마케팅

초판 1쇄 발행 2017년 10월 30일
초판 5쇄 발행 2024년 5월 1일

지은이 마스다 아키코
옮긴이 노경아
펴낸이 정상우

디자인 석운디자인
인쇄·제본 두성 P&L
용지 이에스페이퍼
펴낸곳 라이팅하우스
출판신고 제2022-000174호(2012년 5월 23일)
주소 경기도 고양시 덕양구 으뜸로 110 오피스동 1401호
주문전화 070-7542-8070 **팩스** 0505-116-8965
이메일 book@writinghouse.co.kr
홈페이지 www.writinghouse.co.kr

한국어출판권ⓒ 2017, 라이팅하우스
ISBN 978-89-98075-45-3 03320